挫折と覚醒の
阪神ドラフト20年史

小関順二
KOSEKI JUNJI

草思社

まえがき

『どくとるマンボウ青春記』などのエッセイで知られる芥川賞作家、北杜夫《きたもりお》は、1970年代の雑誌の対談で「太った阪神ファンは本当のファンではない」と言った。どういうことかというと、60年~70年代のセ・リーグで優勝するのは巨人で、阪神はシーズン終盤まで優勝争いをするが最後は決まって優勝を逃すため、本当の阪神ファンはストレスで胃痛を患《わずら》い太れない、という理屈である。

巨人は65年~73年まで前人未到の日本シリーズ9連覇(V9)を果たし、この間、阪神は3位→3位→3位→2位→2位→2位→5位→2位→2位と2位、3位になることが多かった。中日も2位が4回あるのでファンが太れない背景は同じだが、勝てない理屈を自虐的に語るのが今も昔も阪神ファンの持ち味である。

残り2試合いずれかを勝つか引き分けるかで優勝が決まる局面を迎えた73年は、中日球場で行なわれた中日戦をまず2対4で落とした。テレビ中継されたこの試合の終盤、スコアボードの向こうを新幹線が通り過ぎる光景が映し出され、「ジャイアンツの選手を乗せた新幹線が通り過ぎていきます」とアナウンサーが興奮して叫んでいたのを覚えている。

翌々日、甲子園球場では巨人戦を0対9の大差で落とし、9年ぶりの優勝を逃がした。ゲームセットと同時に巨人の投手、野手が駆け足でベンチに逃げ帰ったのは阪神ファンが雪崩を打ってスタンドからグラウンドに流れ込み、巨人ベンチをめざしたからだ。記念すべき前人未到のリーグ9連覇にもかかわらず、川上哲治監督の胴上げは行なわれず、王貞治選手が阪神ファンに殴打され、負傷するという球史に残る異常事態が発生した。

球団幹部が選手に「優勝すると年俸を上げなくてはいけないので、優勝争いをして最後に負けるのが一番いい」と言ったという話も、この間のどこかで交わされたと聞く。それはさすがに嘘だろうと思っていたら、73年当時のエース、江夏豊がフロントトップから言われたのだと、何かの記事の中で語っている。主力選手による金田正泰監督への殴打事件も明らかになり、この万年2位に甘んじた時代は村山実、江夏豊、田淵幸一という投打のスーパースターこそいたが、私には苦いイメージしかない。

若い阪神ファンからは興味ないと言われそうだが、遠い昔、フロント上層部がエースに言い放った「勝たなくていい」は、長く阪神タイガースの体質になっているような気がしたので、その発端をつまびらかにしたかった。

ちなみに、38年ぶりに日本一に輝いた2023年の契約更改は総額8億円アップの「暖冬更改」が話題になり、嶌村聡・球団本部長は「勝てば上がっていくのですから、そこはきっちりと査定をさせていただいた」と発言、半世紀前の「優勝争いをして最後に負けるのが一番いい」との対比を際立たせた。赤字経営から脱しつつある球界の変貌も痛感させられる言葉である。

さて、本書は2000年以降、24年まで年度版として出版されている『プロ野球問題だらけの12球団』で阪神タイガースをどのように批評してきたかを振り返るのと同時に、球界再編騒動、ドラフト改革、セ・パ交流戦導入、WBC（ワールドベースボールクラシック）の開催など、球界を取り巻く騒動や新たなイベントと重ね合わせながら、阪神がどのように動いてきたかも俯瞰《ふかん》している。

阪神は00年〜15年の間に2回リーグ優勝しているが、新しい価値観を球史に刻んだとは言えない。03年と05年の優勝は星野仙一によるトレードを多用した「血の入れ替え」が短期的に効果を発揮しただけで、長続きしなかった。

さて、最近のワールドシリーズの覇者を見ると、15年のロイヤルズ（85年以来2度目）、16年のカブス（1908年以来3回目）、17年のアストロズ（初優勝）、19年のナショナルズ（初優勝）、21年のブレーブス（95年以来4度目）、23年のレンジャーズ（初優勝）など、常連ではないチームの健闘が目立つ。

捕手の捕球術・ピッチフレーミング、相手打者の打球方向を予測して守備位置を変える内野手の守備シフト、ヒットの確率アップをめざしゴロよりフライを打つ技術を高めるフライボール革命……等々、新技術が毎年のように生み出されているのが現在のメジャーリーグである。

かつてのワールドシリーズの常連、ヤンキースはメジャー最多の27回優勝を誇っているが、最後の世界一は09年である。豊富な資金力で各チームの強打者、エースを補強しても新技術を生み出さないチームに野球の神様は微笑まないと言っているようではないか。

阪神に話を戻すと、15年オフに新監督に就任した金本知憲《ともあき》監督の存在が大きい。金本の監督就任以来、阪神のドラフト戦略は激変し、戦力になる選手が続出する。私はこれを「金本メソッド」と呼び、23年にチームを日本一に導いた原動力だと思っている。

年度版の『プロ野球 問題だらけの12球団』（毎年、シーズン開幕前に刊行）はこれからも、私の体力・批評力が続く限り書いていくつもりだが、今後、そこに描かれるのは黄金時代に突入した最強のタイガースか、60年～70年代に痩せたトラキチを激増させたような万年2位のタイガースか、それともPL学園高より弱いと言われた暗黒時代（1987年～2002年）のタイガースか――。我が世の春に浮かれているが、その岐路に立ってどこへ向かおうか思案しているのが現在の阪神タイガースだと思う。

脳梗塞発症後、入院していたリハビリ専門病院を半年ぶりに退院した23年4月20日、本書の打ち合わせを編集者の碇高明さんとしている。それより前、言語療法士でトラキチのK先生に、「阪神のドラフトをテーマにした本を出します」と話しているので、前年暮れには出版の打診はあったと思う。

それほど早くから話があったのは碇さんが阪神ファンであることが大きいが、『プロ野球 問題だらけの12球団』の阪神評が年を追って好意的になっていることも見逃せない。

前年6位だったチームを19年版では、「対照的に投手陣はいい。阪神ファンは私が誉めると『阪神のピッチャー、そんなにいいですか』と疑惑の目で見るが、若手はリーグで一番魅力がある。金本知憲が監督に就任するとき『盗塁王、4番打者、エースになれる選手を（ドラフトで）取ろうとフロントに言っている』と話していたが、その成果が若手の投手陣の顔ぶれに現れている」と書いている。

今季（24年）は球団史上初の連覇がかかっているが、12球団の中でリーグ2連覇を経験していないのは阪神、ＤｅＮＡ、ロッテ、楽天の4球団だけ。巨人と並ぶ老舗球団が87年の歴史の中で2年連続優勝が一度もないとは情けない。今後の歩みはこれまでの不甲斐ない歴史を帳消しにするためにある。

2024年3月29日

小関　順二

挫折と覚醒の
阪神ドラフト20年史

目次

第2章　暗中模索からの起死回生――2000年からのチーム作りを再検証　69

本文デザイン■Malpu Design（佐野佳子）

第1章
大転換

ドラフトで
チームはここまで変わる

金本知憲の監督就任を境に激変した阪神ドラフト

「ドラフトですぐ使える便利屋のような選手を多く取る球団の体質が、生え抜きが育たない要因。盗塁王、4番打者、エースになれる選手を取ろうとフロントに言っている。再建に必要な時間は分からないし、簡単にいくとは思っていない」

これは2016年に阪神の監督に就任した金本知憲が毎日新聞（16年1月5日付け）で語った言葉である。チーム強化の突破口にドラフトを挙げているところに金本の監督としての才を強く感じたわけだが、23年の優勝は7年前に発せられたこの言葉から始まっていると言ってもいい。まず金本の影響力が発揮された15年以降のドラフトで指名された選手のタイトルホルダーを見てみよう。

◇青柳晃洋《こうよう》（15年5位・帝京大）→21年、22年最多勝&最高勝率、22年最優秀防御率
◇大山悠輔（16年1位・白鷗大）→23年最高出塁率

◇近本光司（18年1位・大阪ガス）→19年、20年、22年、23年盗塁王
◇湯浅京己《あつき》（18年6位・BC富山・GRNサンダーバーズ）→22年最優秀中継ぎ投手
◇中野拓夢（20年6位・三菱自動車岡崎）→21年盗塁王、23年最多安打
◇村上頌樹《しょうき》（20年5位・東洋大）→23年最優秀防御率

それ以前の8年間のタイトルホルダーは15年最多奪三振の藤浪晋太郎（12年1位・大阪桐蔭高＊4球団競合）しかおらず、私が「成功選手」の基準にする投手の「50勝（1セーブ、1ホールドは0・5勝）、300試合登板」、野手の「500安打、1000試合出場」をクリアしているのも藤浪以外では上本博紀（08年3位・早稲田大）、秋山拓巳（09年4位・西条高）、梅野隆太郎（13年4位・福岡大）、岩崎優（13年5位・国士舘大）しかいない。

15年以降の成功選手はすでに紹介した6人以外でも糸原健斗（16年5位・JX－ENEOS）が基準をクリアし、木浪聖也（18年3位・Honda）、佐藤輝明（20年1位・近畿大＊4球団競合）、さらに投手の才木浩人（16年3位・須磨翔風高）、浜地真澄（16年4位・福岡大大濠高）、及川雅貴（19年3位・横浜高）、伊藤将司（20年2位・JR東日本）がハイペースで迫っている。

金本が影響力を発揮する15年より以前と以降、ドラフトでどんな選手を指名してきたのか、ここで前後8年間を振り返ってみよう。紹介するのは1位、2位の上位指名選手と、3位以下の成功選手（あるいは成功見込み選手）で、×印は抽選負けした1位指名選手、マル内数字は指名順位である。

2007年＝大・社①×大場翔太（東洋大・投手）→白仁田寛和（福岡大・投手）
高校①×中田翔（大阪桐蔭高・一塁手）→高濱卓也（横浜高・遊撃手）
2008年＝①×松本啓二朗（早稲田大・外野手）、×藤原紘通（NTT西日本・投手）
→蕭一傑《しょういっけつ》（奈良産業大・投手）、②柴田講平（国際武道大・外野手）、③上本博紀（早稲田大・内野手）
2009年＝①×菊池雄星（花巻東高・投手）→二神一人《ふたがみかずひと》（法政大・投手）、②藤原正典（立命大・投手）、④秋山拓巳（西条高・投手）、⑥原口文仁（帝京高・捕手）
2010年＝①×大石達也（早稲田大・投手）→榎田大樹（東京ガス・投手）、②一二三慎太（東海大相模高・投手）
2011年＝①伊藤隼太（慶応大・外野手）※単独指名、②歳内宏明（聖光学院高・投手）
2012年＝①藤浪晋太郎（大阪桐蔭高・投手）※4球団競合、②北條史也（光星学院高・遊撃

手）

2013年＝①×大瀬良大地（九州共立大・投手）、×柿田裕太（日本生命・投手）→岩貞祐太（横浜商科大・投手）、②横田慎太郎（鹿児島実・外野手）、④梅野隆太郎（福岡大・捕手）、⑥岩崎優（国士舘大・投手）

2014年＝①×有原航平（早稲田大・投手）、×山﨑康晃（亜細亜大・投手）→横山雄哉（新日鉄住金鹿島・投手）、②石崎剛（新日鉄住金鹿島・投手）

【金本知憲の監督就任決定（2015年オフ）】

2015年＝①髙山俊（明治大・外野手）※2球団競合
②坂本誠志郎（明治大・捕手）、⑤青柳晃洋（帝京大・投手）

2016年＝①大山悠輔（白鷗大・三塁手）※単独指名
②小野泰己《たいき》（富士大・投手）、③才木浩人（須磨翔風高・投手）、④浜地真澄（福岡大大濠高・投手）、⑤糸原健斗（JX-ENEOS・内野手）

2017年＝①×清宮幸太郎（早稲田実・一塁手）、×安田尚憲（履正社高・三塁手）→馬場皐輔（仙台大・投手）、②髙橋遥人（亜細亜大・投手）

2018年＝①×藤原恭大（大阪桐蔭高・外野手）、×辰己涼介（立命館大・外野手）
→近本光司（大阪ガス・外野手）、②小幡竜平（延岡学園高・遊撃手）、③木浪聖也（Honda・内野手）、⑥湯浅京己（富山GRNサンダーバーズ・投手）

※この年限りで金本知憲監督は辞任

2019年＝①×奥川恭伸（星稜高・投手）→西純矢（創志学園高・投手）
②井上広大（履正社高・外野手）

2020年＝①佐藤輝明（近畿大・三塁手）※4球団競合
②伊藤将司（JR東日本・投手）、⑤村上頌樹（東洋大・投手）、⑥中野拓夢（三菱自動車岡崎・内野手）、⑧石井大智（四国アイランドリーグplus高知・投手）

2021年＝①×小園健太（市和歌山高・投手）→森木大智（高知高・投手）
②鈴木勇斗（創価大・投手）

2022年＝①×浅野翔吾（高松商・外野手）→森下翔太（中央大・外野手）
②門別啓人（東海大札幌高・投手）

金本が監督に就任する以前の08年～14年でも1位入札では大物に向かっている。ただ、09年は高校生左腕の菊池雄星（花巻東高→西武、現ブルージェイズ）、13年は大学生右腕の大瀬良大地（九州共立大→広島）、14年は大学生右腕の有原航平（早稲田大→日本ハム）に入札して抽選で敗れている。問題なのはそこから先の外れ1位の指名である。

「野手の1位指名」が意味するもの

09年は菊池と利き腕だけでなくタイプも真逆の二神一人、13年は大瀬良と同型右腕の柿田裕太を外れ1位の抽選で外したあと、外れ外れ1位で大学生左腕の岩貞祐太を指名し、14年は1位入札した大学生右腕の有原航平、山﨑康晃（亜細亜大→ＤｅＮＡ）を抽選で外したあと、外れ外れ1位で社会人左腕の横山雄哉を指名するというちぐはぐさ。

それが、金本が監督に就任する15年以降は一変して筋の通った指名になる。

15年は4年ぶりに野手の髙山俊をヤクルトとともに1位で入札、抽選では藤浪晋太郎以来3年ぶりの当たりクジを引き当てている。

16年は大学生野手の大山悠輔を今度は単独指名で獲得。

17年は1位で超高校級スラッガーの清宮幸太郎に入札したあと、外れ1位で安田尚憲を指名、その抽選にも外れて馬場皐輔（投手）を外れ外れ1位で獲得した。超高校級スラッガー2人に向かったのなら最後までやり通してもらいたかった。正直、15年以降のドラフトで唯一納得のいかない指名だった。

18年は1位で藤原恭大、辰己涼介を指名し、抽選で敗れたあとの外れ外れ1位も外野手にこだわって社会人の近本光司を指名、近本は現在、日本球界を代表する外野手に成長している。

19年は超高校級右腕の奥川恭伸を1位で入札し、抽選で敗れても高校生の本格派右腕、西純矢を指名。西はローテーションの一角に迫る投球で期待に応えている。

20年は4球団の指名が重複した大学生スラッガーの佐藤輝明を抽選で獲得。佐藤は23年、新人年から3年連続で100安打以上、20本塁打以上をマークするなど18年ぶりのリーグ優勝に貢献した。2位以下も2位・伊藤将司、5位・村上頌樹、6位・中野拓夢、8位・石井大智と、23年の優勝に導いた功労者の名前が並ぶ。

21年は1位入札した超高校級右腕、小園健太を抽選で外すと、やはり超高校級右腕の呼び声高い森木大智を外れ1位で獲得。森木はまだ実績を残していないが、3位の桐敷拓馬（新潟医療福祉大・投手）が戦力になり、４位の前川右京（智弁学園高・外野手）は、現在の阪神野手陣が抱える「高校卒不在」を覆すのではと期待されている。

22年は同年夏の甲子園大会で３本のホームランを放った浅野翔吾の抽選で敗れると、外れ１位は大学生スラッガーの森下翔太を指名、森下は23年シーズン終盤の９月８日に岡田彰布以来、右打者として43年ぶりの２ケタ本塁打を放ち、期待に応えている。

金本監督以降で目立つのは筋の通った指名が多くなったことと、野手の１位指名が多くなったことである。「金本以前」の８年間で野手の１位指名は07年高校生ドラフトの高濱卓也と11年の伊藤隼太だけだったのが、「金本以降」の８年間では髙山俊、大山悠輔、近本光司、佐藤輝明、森下翔太の５人を数える。

90年代から15年までの阪神のスターティングメンバーに定着したドラフト１位の野手は今岡誠（96年１位）と鳥谷敬（03年自由獲得枠）しかいなかったが、日本一になった23年は近本、大山、佐藤輝明、森下の４人を数える。「ドラフト１位野手」のスタメン定着はチームの方針が正常に働いている象徴なので、フロントと現場の一体感が強く感じられた。

「野球は守りから」と多くの野球人が言うが、それは日本シリーズなど短期決戦の場合に限られ、約半年間（１４３試合）にわたって繰り広げられるペナントレースでは攻撃陣の後押しがなければ勝ち抜くことは難しい。長い間、ドラフト上位で即戦力に的を絞った投手ばかり指名してきた阪神が1度も2年連続優勝できなかったのは私の目から見れば当たり前である。

スタメンに名を連ねる「ドラフト1位」たち

23年の前半戦を首位で折り返した阪神、その時期にスタメンに名をつらねたドラフト1位は、近本光司、大山悠輔、佐藤輝明、森下翔太の4人。前半戦でもっとも勢いを感じた5月11日から6月5日までの好調時の「第一波」（28日間）を7連勝、さらに9連勝を含む18勝3敗1分で突っ走り、6月5日にはＤｅＮＡに5・5ゲーム差をつけて独走状態に入っていた。

この間のドラフト1位の活躍を少し紹介しよう。5月20日の広島戦では2死走者なしから大山がライト方向への二塁打、続く佐藤輝明が敬遠の四球、続く6番の森下がレフト前にヒットを放ってサヨナラ勝ちした。同月25日のヤクルト戦では3対3の10回表、2死走者なしから近本がセンター前にヒットを放ったあと中野が四球、ノイジーがヒットで続き、大山が押し出しの四球、さらに佐藤が走者一掃の二塁打を放ち快勝した。

　中盤のビッグウェーブの第二波はオールスターゲーム明けの7月22日からはじめてマジックが点灯する8月16日までの26日間だろう。

　ちなみに、第二波が起こる直前の7月2日、それまでチームを引っ張っていた近本光司が巨人の高梨雄平から脇腹にデッドボールを受け、右肋骨を骨折してしまう。近本は7月4日からゲームを欠場、阪神はオールスターゲーム前の17日までの2週間を5勝6敗と負け越してしまう。

　17勝4敗1分け、勝率・８１０で乗りきった第二波で目立ったのが、1番近本、3番森下、4番大山、5番佐藤と並ぶスタメンである。

　タイガースの全史を見ても、生え抜きのドラフト1位が4人並ぶ打線はなく、私の記憶では85年から数年続いた佐野仙好（73年1位）、岡田彰布（79年1位）、木戸克彦（82年1位）だけだ。

　そもそも金本が監督になるまで、佐野、岡田、木戸以外の野手のドラフト1位は、西村公一（66年2次）、田淵幸一（68年）、萩原誠（91年）、今岡誠（96年）、中谷仁（97年）、的場寛壱《まとばかんいち》（99年）、浅井良（01年自由獲得枠）、鳥谷敬（03年自由獲得枠）、岡崎太一（04年自由獲得枠）、野原将志（06年高校生ドラフト）、高濱卓也（07年高校生ドラフト）、伊藤隼太（11年）の12人しかいない。

この中でスタメンに顔を並べるくらい活躍したのは田淵、佐野、岡田、木戸、今岡、鳥谷の6人だけ。生え抜きのドラフト1位が4人並ぶスタメンがいかに困難だったか、これを見ればおわかりになるだろう。

23年のレギュラー、近本、森下、大山、佐藤、さらに坂本誠志郎、木浪聖也、中野拓夢と2人の新外国人、ノイジーとミセエスは金本知憲が監督に就任した15年以降に入団した選手だ。梅野隆太郎（13年4位）以外は間接的にでも金本ドラフトの影響を受けて入団していると言い換えてもいい。金本は現在、阪神と何の関係もないが、深い根っこの部分でチームを支えているのは間違いない。

大学生&社会人出身で形成された強力投手陣

ピッチャーに目を転じてみよう。優勝した23年シーズンの成績は以下の通りである。

◇先発陣
青柳　晃洋　8勝6敗、防御率4・57
伊藤　将司　10勝5敗、防御率2・39
大竹耕太郎　12勝2敗、防御率2・26
才木　浩人　8勝5敗、防御率1・82
西　純矢　5勝2敗、防御率3・86
西　勇輝　8勝5敗、防御率3・57
村上　頌樹　10勝6敗、防御率1・75

◇リリーフ陣
岩崎　優　60試合、3勝3敗35セーブ15HP、防御率1・77
石井　大智　44試合、1勝1敗20HP、防御率1・35
湯浅　京己　15試合、0勝2敗8セーブ、防御率4・40
岩貞　祐太　50試合、1勝0敗25HP、防御率2・70
加治屋　蓮　51試合、1勝5敗17HP、防御率2・56
島本　浩也　35試合、4勝2敗19HP、防御率1・69

桐敷　拓馬　27試合、2勝0敗15HP、防御率1・79
浜地　真澄　30試合、3勝1敗9HP、防御率5・86
及川　雅貴　33試合、3勝1敗10HP、防御率2・23
K・ケラー　27試合、1勝0敗9HP、防御率1・71
馬場　皐輔　19試合、2勝1敗5HP、防御率2・45

この中でドラフト1位は西純矢、岩貞、馬場（23年の現役ドラフトで巨人に移籍）の3人だけ。野手ほどドラフトの成果が上がっていないように見えるが15年以降、ドラフト1位で入団した投手は3人しかいないのでしかたない。

青柳晃洋が5位指名された15年の1位は外野手の髙山俊、才木浩人が3位指名された16年の1位は内野手の大山悠輔、湯浅京己が6位指名された18年の1位は外野手の近本光司、伊藤将司が2位、村上頌樹が5位、石井大智が8位指名された20年の1位は内野手の佐藤輝明……。

こうして見るとドラフト1位の結果が十分に出ていないのは17年の馬場皐輔と21年の森木大智くらいだが、馬場は23年リリーフとして2勝1敗、防御率2・45を残し、同期で実績のある2位の髙橋遥人も24年中の復活をめざしている最中で、21年の森木は今季21歳を迎える新鋭、同年の３位はリリーフで活躍している桐敷拓馬という具合に失敗した年がないのはみごとである。

ドラフト１位に限れば、金本知憲が阪神の監督に就任する以前に成功した投手は00年までさかのぼっても岩貞、藤浪、岩田稔、能見、安藤優也しかいないので、15年以降の変貌は驚くほかない。これらのドラフトを称して「金本メソッド」と呼んでみたいと思う。

高校卒投手の活躍が少ないのは阪神の伝統か

他球団から移籍した大竹耕太郎、加治屋蓮まで含めて考えても、阪神投手陣の出自は大学卒、社会人出身が多い。星野仙一・岡田彰布が指揮をとって03年、05年にリーグ優勝した第一期も井川慶、藤川球児という優れた高校卒がいたが、中心選手は大学卒の久保田智之、安藤優也、福原忍たちで、吉田義男監督が率いてはじめて日本一になった85年は中田良弘、中西清起《きよおき》、池田親興《ちかふさ》、福間納《おさむ》が社会人出身、山本和行が大学卒で、工藤一彦、仲田幸司らの高校卒は少数派だった。

言ってみれば伝統的に阪神投手陣の出自構成は大学卒・社会人出身が中心である。近年、球界全体で高校卒がどれくらい戦力になっているのか、05年〜07年の3年間だけ行なわれた「分離ドラフト」を見ても勢いがわかる。

分離ドラフトは高校生と大学生&社会人を別々に指名した3年間だけ存在した制度で、「高校生は活躍しない選手が多いので指名したくない」と思っても、すべての球団が「せっかく与えられた機会だから」と参加し、山口俊（柳ヶ浦→横浜・現DeNA1巡目）、田中将大（駒大苫小牧高→楽天1巡目）、前田健太（PL学園高→広島1巡目）、吉川光夫（広陵高→日本ハム1巡目）、唐川侑己（成田高→ロッテ1巡目）たちを最上位で指名し、彼らはプロの世界に足跡を残してきたが、阪神の高校卒は投手、野手に関わりなく精彩がない。成功選手に届いているのが大和（樟南高→05年4巡目）しかいないのだ。12球団の中で高校卒選手の育成がもっともできていない球団と言ってもいい。

ここで金本知憲のプロ入りした時点までさかのぼり、「金本メソッド」が形成された背景を探ってみようと思う。金本は東北福祉大に在籍していた91年、広島の4位指名を受けてプロ入り。金本が在籍していた当時の広島投手陣は社会人出身が多かった。通算213勝141敗で名球会入りしている北別府学（都城農高→75年1位）を除けば、大野豊（出雲信用組合→76年ドラフト外）、川口和久（デュプロ→80年1位）、長冨浩志（N

TT関東→85年1位）、佐々岡真司（NTT中国→89年1位）が社会人出身なので現在の阪神投手陣の出自構成と似ている。

当時の広島野手陣はというと、緒方孝市（鳥栖高→86年3位）、江藤智（関東高→88年5位）、前田智徳（熊本工高→89年4位）など高校卒が多い。他球団でも金本と同じ91年にイチロー（愛工大名電高→オリックス4位）、中村紀洋（渋谷高→近鉄4位）、92年に松井秀喜（星稜高→巨人1位）、93年に松井稼頭央（PL学園高→西武3位）など名選手が指名され、のちに旋風を巻き起こしているので、金本が19年以降も阪神の監督を続けていれば、高校卒野手に重点を置いたチーム作りをしていたかもしれない。

レギュラー野手に高校卒は何人いればいいのか

野手も投手も中心を占めるのは高校卒、が私の持論である。歴代安打数の記録を見てみよう。高校卒の優位は圧倒的だ。

◇**歴代安打数**（※印は日米通算）

1位	※イチロー	（愛工大名電高）	4367
2位	張本勲	（浪華商高）	3085
3位	野村克也	（峰山高）	2901
4位	王　貞治	（早稲田実業高）	2786
5位	※松井稼頭央	（PL学園高）	2705
6位	※青木宣親	（早稲田大）	2703
7位	※松井秀喜	（星稜高）	2643

◇**歴代勝ち星**

1位	金田正一	（享栄商高中退）	400
2位	米田哲也	（境高）	350
3位	小山正明	（高砂高）	320
4位	鈴木啓示	（育英高）	317
5位	別所毅彦	（滝川中）	310
6位	スタルヒン	（旭川中）	303
7位	山田久志	（富士製鉄釜石）	284

高校卒業と同時にプロ入りする高校卒に対して大学卒は4年、社会人出身は現在なら2～3年、遠回りしなくてはならない。この時間の長短のためか、あるいは大学、社会人チームのアマチュアリズムのためなのかはわからないが、プロ入りしてからの通算成績やタイトル獲得数では高校卒が圧倒的に優位である。

23年に優勝したWBC（ワールドベースボールクラシック）の代表メンバーを見ても、中心にいるのは高校卒選手である。

◇高校卒野手

捕手　甲斐　拓也（楊志館高）
　　　中村　悠平（福井商高）
一塁手　岡本　和真（智弁学園高）
二塁手　山田　哲人（履正社高）
三塁手　村上　宗隆（九州学院高）
遊撃手　牧原　大成（城北高）
外野手　近藤　健介（横浜高）
指名打者　大谷　翔平（花巻東高）

◇高校卒投手

大谷　翔平
ダルビッシュ有（東北高）
松井　裕樹（桐光学園高）

◇大学卒&社会人出身野手

大城　卓三（NTT西日本）
山川　穂高（富士大）
牧　秀悟（中央大）
中野　拓夢（三菱自動車岡崎）
源田　壮亮（トヨタ自動車）
吉田　正尚（青山学院大）
周東　佑京（東京農業大北海道オホーツク）

◇大学卒&社会人出身投手

今永　昇太（駒澤大）
伊藤　大海（苫小牧駒澤大）
大勢（関西国際大）

高橋　奎二（龍谷大平安高）　　宇田川優希（仙台大）
山﨑颯一郎（敦賀気比高）　　湯浅　京己（BCリーグ富山GRNサンダーバーズ）
山本　由伸（都城高）
戸郷　翔征（聖心ウルスラ学園高）
宮城　大弥（興南高）
髙橋　宏斗（中京大中京高）
佐々木朗希（大船渡高）

こういう現実を認識してドラフト1位で誰を指名するのか戦略を立て、トレーニング施設を充実させていく、というのが現在のチーム強化の常套的な方法論である。

ドラフトには即戦力か将来性か、投手か野手か、という究極の選択があるが、重要なのは「ドラフトですぐ使える便利屋のような選手を多く取る球団の体質が、生え抜きが育たない要因」という冒頭で紹介した金本知憲から発せられた言葉をきちんと認識できているかどうかである。阪神は野手に関しては、「高校卒」という部分こそ不十分だが、ドラフト1位で将来の主軸を構成するというチームの方針は正しい。投手はどうだろう。

23年9月10日の広島戦で伊藤将司が10勝目を挙げたとき、チーム内に2ケタ勝利投手が3人生まれ（伊藤、大竹、村上）、青柳、才木も7勝していたことから、2ケタ勝利が5人生まれるのでは、と話題になった。

2ケタ勝利投手の歴代最多は05年に日本一になったロッテの6人で、その顔ぶれは、以下の通りである。

渡辺俊介（新日鉄君津→00年4位）　15勝4敗
小林宏之（春日部共栄高→96年4位）　12勝6敗
セラフィニ（外国人）　11勝4敗
小野晋吾（御殿場西高→93年6位）　10勝4敗
久保康友（松下電器→04年自由獲得枠）　10勝3敗
清水直行（東芝→99年逆指名の2位）　10勝11敗

56年と63年の南海も6人の2ケタ勝利投手を生み、5人輩出は63年、67年、90年の巨人、50年、76年の阪神、57年、66年の中日、95年のヤクルト、68年、75年、78年の阪急、55年、65年の南海、99年のダイエー、90年の日本ハム、63年の西鉄、83年、92

年の西武、88年の近鉄。以上に挙げた、各球団の2ケタ勝利投手のドラフト順位を紹介する。現在の阪神投手陣の特異性があぶり出されてくると思う。

◇1976年阪神2位

江本孟紀（トレード）
上田二朗（69年1位）
谷村智啓（70年1位）
安仁屋宗八（トレード）
古沢憲司（ドラフト前）

◇1975年阪急日本一

山田久志（68年1位）
山口高志（74年1位）
戸田善紀（ドラフト前）
竹村一義（トレード）
足立光宏（ドラフト前）

◇1990年巨人1位

斎藤雅樹（82年1位）
宮本和知（84年3位）
桑田真澄（85年1位）
木田優夫（86年1位）
香田勲男（83年2位）

◇1978年阪急1位

山田久志（68年1位）
佐藤義則（76年1位）
山口高志（74年1位）
今井雄太郎（70年2位）
稲葉光雄（トレード）

◇1995年ヤクルト日本一

山部太（93年1位）
ブロス（外国人）
石井一久（91年1位）
吉井理人（トレード）
伊東昭光（85年1位）

◇1999年ダイエー日本一

篠原貴行（97年2位）
工藤公康（トレード）
星野順治（97年4位）
若田部健一（91年1位）
永井智浩（97年1位）

◇1990年日本ハム4位
西崎幸広（86年1位）
柴田保光（トレード）
松浦宏明（ドラフト外）
酒井光次郎（89年1位）
武田一浩（87年1位）

◇1992年西武日本一
石井丈裕（88年2位）
郭泰源（外国人）
渡辺久信（83年1位）
工藤公康（81年6位）
鹿取義隆（トレード）

◇1988年近鉄2位
阿波野秀幸（86年1位）
山﨑慎太郎（84年3位）
小野和義（83年1位）
村田辰美（74年2位）
吉井理人（83年2位）

ドラフト制度以降のチームだけを紹介したのは、2ケタ勝利を挙げた投手のドラフト順位に気づいてほしかったからだ。紹介した9チームの中でドラフト1位がいないチームはゼロ。1人だけというのも92年の西武だけで、78年の阪急、90年の日本ハム、巨人、95年のヤクルトには3人もいた。23年の阪神はどうだったかという前に、阪神投手陣の歴代ドラフト1位の成績にも目を向けたい。

ドラフト1位投手が主力になれないのはなぜか

阪神は投手力が高い球団として知られているが、じつはドラフト1位された投手があまり活躍していない。私の成功基準「300試合登板、50勝以上（1セーブ、1ホールドは0・5勝に換算）で見ると、歴代でも以下の19人だけ。

江夏豊（66年・大阪学院高）、上田二朗（69年・東海大）、谷村智博（70年・鐘淵化学）、山本和行（71年・亜細亜大）、伊藤弘利（77年・三協精機）、※江川卓（78年・作新学院職員→シーズン前に小林繁との交換トレードで巨人へ移籍）、中西清起（83年・リッカー）、遠山昭治（85年・八代一高）、野田浩司（87年・九州産交）、葛西稔（89年・法政大）、湯舟敏郎（90年・本田技研鈴鹿）、藪恵一（93年・朝日生命）、藤川球児（98年・高知商高）、安藤優也（01年・トヨタ自動車）、江草仁貴（02年・専修大）、能見篤史（04年・大阪ガス）、岩田稔（05年・大学生&社会人ドラフト・関西大）、藤浪晋太郎（12年・大阪桐蔭高）、岩貞祐太（13年・横浜商科大）

ライバルの巨人は「ドラフトが下手だから万全の強さがなくなった」と言われるが、

堀内恒夫（65年・甲府商高）、定岡正二（74年・鹿児島実高）、槙原寛己（81年・大府高）、斎藤雅樹（82年・市川口高）、桑田真澄（85年・PL学園高）、木田優夫（86年・日大明誠高）、吉田修司（88年・北海道拓殖銀行）、河原純一（94年・駒澤大）、上原浩治（98年・大阪体育大）、高橋尚成（99年・東芝）、真田裕貴（01年・姫路工高）、木佐貫洋（02年・亜細亜大）、久保裕也（02年・東海大）、内海哲也（03年・東京ガス）、澤村拓一（10年・中央大）、菅野智之（12年・東海大）

という顔ぶれである。人数は阪神より3人少ないが、一人ひとりの成績のスケールは阪神のドラフト1位を上回っている。

話を阪神に戻すと、23年に2ケタ勝利の可能性のあった5人のドラフト順位はというと、大竹耕太郎（現役ドラフト）、伊藤将司（20年・JR東日本2位）、村上頌樹（20年・東洋大5位）、青柳晃洋（15年・帝京大5位）、才木浩人（16年・須磨翔風高3位）を見れば一目瞭然、ドラフト1位がいない。ドラフト1位より下位指名のほうが活躍するというのは阪神の伝統なのである。

ちなみに、この強力投手陣によって成し遂げられた23年最大の貢献が9月1日から優勝が決まる14日まで続いた三番目のビッグウェーブ、11連勝である。

◇序盤の第一波

5/11○阪神2−1ヤクルト
5/12○阪神6−3DeNA
5/13○阪神7−2DeNA
5/14○阪神15−7DeNA
5/16○阪神9−4中日
5/17○阪神3−1中日
5/18○阪神4−1中日
5/19●阪神7−10広島
5/20○阪神1−0広島
5/21○阪神4−1広島
5/23○阪神6−3ヤクルト
5/24○阪神6−5ヤクルト
5/25○阪神7−4ヤクルト
5/26○阪神2−1巨人
5/27○阪神3−2巨人

◇球宴明けの第二波

7/22●阪神3−6ヤクルト
7/23○阪神4−2ヤクルト
7/25○阪神4−2巨人
7/26○阪神8−5巨人
7/27●阪神6−9巨人
7/28○阪神7−2広島
7/29△阪神2−2広島
7/30○阪神4−2広島
8/1○阪神10−2中日
8/2●阪神1−3中日
8/3○阪神5−2中日
8/4○阪神5−2DeNA
8/5○阪神7−3DeNA
8/6○阪神3−2DeNA
8/8○阪神7−6巨人

◇優勝への第三波

9/1○阪神4−2ヤクルト
9/2○阪神6−5ヤクルト
9/3○阪神7−1ヤクルト
9/5○阪神8−2中日
9/6○阪神1−0中日
9/8○阪神4−1広島
9/9○阪神5−1広島
9/10○阪神5−1広島
9/12○阪神1−0巨人
9/13○阪神4−0巨人
9/14○阪神4−3巨人

5/28〇阪神4-1巨人
5/30〇阪神3-1西武
5/31●阪神0-4西武
6/1●阪神2-4西武
6/3〇阪神6-5ロッテ
6/4〇阪神2-0ロッテ
6/5△阪神7-7ロッテ

合計18勝3敗1分け
得点106、失点67
打率.259
防御率2.75

8/9〇阪神5-2巨人
8/10〇阪神5-2巨人
8/11〇阪神2-1ヤクルト
8/12〇阪神4-3ヤクルト
8/13〇阪神5-3ヤクルト
8/15●阪神6-7広島
8/16〇阪神5-3広島

合計17勝4敗1分け
得点108、失点71
打率.282
防御率2.66

合計11勝0敗
得点49、失点16
打率.240
防御率1.27

第三波で目立ったのは、投手力の安定感である。第一波、二波も防御率2点台なので十分貢献しているが、第三波は1点台前半まで良化し、各試合の勝利投手はシーズン中盤まで活躍した村上、大竹、伊藤、才木だけでなく、それまで不振だった西勇輝、青柳晃洋も加わり、先発は右本格派（才木浩人、西純矢）、左技巧派（大竹、伊藤）、右技巧派（村上、西勇輝）、右変則派（青柳）、リリーフは右本格派（石井大智、ケラー、ビーズリー、ブルワー、湯浅京己、加治屋蓮）、左本格派（桐敷拓馬、岩貞祐太、及川雅貴）、左技巧派（岩崎優、島本浩也）という多彩な陣容が組めるようになった。岡田彰布監督は優勝監督インタビューで「最初は西（勇輝）と青柳でいっぱい勝てると思ったんですけどね。なかなか勝てなかったですが。さすがに勝負の8月からはちゃんと帳尻を合わせてくれて」と、自虐を交えてチームの伸びしろを示した。

余談だが岡田彰布監督の談話には「そらそうよ」とか「お～ん」など、個性的なフレーズが頻出する。「お～ん」とは記者とのやりとりのときに発する口癖で、私なら「ふ～ん」と起こすと思うが、「お～ん」と起こすことによって謎感が深まる。日刊スポーツ紙の福田豊氏に聞くと「お～ん」は読者からの人気が高く、原稿を書く記者も原稿をチェックするデスクもそれを過剰に求めるらしい。

「そうやなあ、おーん。だから結果が良かったやん、ファームでな、徐々にな、おーん。最初は力んで力んで投げとったけどな、なんかこう、まあね、80から100ぐらいの球数でな、おーん、六回くらいまでいけるっていうな、なんかそういう感覚というか、アレつかんだんちゃうかな、先発としてのな、イニングのな、おーん。目いっ

ぱい目いっぱいじゃなしにな、おーん」（デイリースポーツｏｎｌｉｎｅ）

これは中継ぎ投手のビーズリーを語った談話らしいが、読むほどに謎感に満ちている。これほど言葉に特徴のある監督は歴史的に見ても長嶋茂雄（巨人）と野村克也（ヤクルトなど）両氏くらいだろう。岡田監督の選手起用についてはあとの章で詳しく分析していきたい。

球界の流れに乗り遅れていた阪神とオリックス

23年９月20日にパ・リーグ３連覇を決めたオリックスと阪神はよく似ている。ともに本拠地を関西に置き（阪神＝兵庫県西宮市の甲子園球場、オリックス＝大阪市西区の京セラドーム大阪）、オリックスは01年から20年までの20年間、Ａクラスがわずか２回の暗黒時代を過ごし、阪神は08年から22年までの13年間、優勝から遠ざかっている（14年にシーズン２位からＣＳを勝ち上がり日本シリーズに出場、ソフトバンクに１勝４敗）。

その間、私は２０００年以来刊行している『プロ野球 問題だらけの12球団』（草思社）で２球団を批判し続けた。オリックスをはじめてプラスに評価したのは20年版

（19年、20年は最下位）で、阪神を「強そう」と評価したのは23年版がはじめて。私にとって両球団は似た者同士なのである。

ここで、99年10月、『プロ野球ドラフト史』（ベースボール・マガジン社）の取材で当時のオリックス球団代表、井箟《いのう》重慶氏に会ったときの話をしたい。89年に阪急ブレーブスを買収したオリックスが球団職員を募ったのを期に入社した人物で、西宮球場からグリーンスタジアム神戸（現ほっともっとフィールド神戸）への本拠地移転やスカウトの査定など意欲的な提言で話題になった。余談だが、私が98年に上梓した『挟殺』（蒼馬社）という小説に登場する球団代表のモデルになったのは井箟氏である。当時の私にとって井箟氏はそれだけ魅力的な存在だった。

スポーツ紙は井箟氏の「ドラフトで高校生を指名しない」という部分に光を当て報道していたので真意を聞くと、「高校生を獲るな、とは言ってないんですよ」と断り、「現在のプロ野球界では高校出がそれほど多く育っていないわけです」と続けた。

当時の野球界は一回プロに入ってしまうと、アマチュア球界に戻ることはできなかった。22～23歳の若さでファームに埋もれたまま終わるのはもったいないので、「ひょっとしたらモノになるくらいの選手は獲らないで大学や社会人に行かせなさい」とスカウトに言っていたらしい。

さすがに本社の天下りでなく一般公募で球団に乗り込んだ「野球好き」の言葉だと感心したが、オリックスは91年にイチロー（愛工大名電高→4位・外野手）、93年に平井正史（宇和島東高→1位・投手）、95年に日高剛（九州国際大付高→3位・捕手）という高校卒の成功例がある。それには目をくれず、野球界の人材難を救うべく高校生は指名せず、大学や社会人に譲ったほうがいいという姿勢には納得がいかなかった。今も昔も歴代安打数、通算勝ち星を見れば、やっぱりプロ野球のど真ん中にいるのは高校卒なのである。

99年以降、オリックスの指名から高校生が激減し、01年〜04年の4年間で指名したのは5人だけ、阪神は99年〜03年の5年間で9人だけだった。この阪神とオリックスの即戦力志向でわかるように、プロ入り後に活躍するのは大学卒と社会人出身が多数派を占めていた。

即戦力候補の活躍を新しく導入した制度も後押しした。98年からは大学生と社会人に限り入りたい球団を選択できる「自由獲得枠」制度が導入され、「自由獲得枠」は「希望枠」と名称を変え07年まで続いた。この10年間で高校卒の成功選手は次のとおり。

◇98年（マル内数字はドラフト順位）5人

藤川球児（高知商高→阪神①・投手）、東出輝裕（敦賀気比高→広島①・内野手）、森本稀哲《ひちょり》（帝京高→日本ハム④・内野手）、松坂大輔（横浜高→西武①・投手）、赤田翔吾（日南学園高→西武②・内野手）

◇99年5人

岩隈久志（堀越高→近鉄⑤・投手）、栗原健太（日大山形高→広島③・内野手）、田中賢介（東福岡高→日本ハム②・内野手）、朝倉健太（東邦高→中日①・投手）、川﨑宗則（鹿児島工高→ダイエー④・内野手）

◇00年4人

畠山和洋（専大北上高→ヤクルト⑤・内野手）、内川聖一（大分工高→横浜①・内野手）、中島宏之（伊丹北高→西武⑤・内野手）、土谷鉄平（津久見高→中日⑤・内野手）

◇01年8人

今江敏晃（PL学園高→ロッテ②・三塁手）、高橋聡文（高岡第一高→中日⑧・投手）、大竹寛（浦和学院高→広島①・投手）、中村剛也（大阪桐蔭高→西武②・三塁手）、栗山巧（育英高→西武④・外野手）、

寺原隼人（日南学園高→ダイエー①・投手）、真田裕貴（姫路工高→巨人①・投手）、林昌範（市船橋高→巨人⑦・投手）

◇02年４人
吉村裕基（東福岡高→横浜⑤・外野手）、西岡剛（大阪桐蔭高→ロッテ①・遊撃手）、坂口智隆（神戸国際大付高→近鉄①・外野手）、高井雄平（東北高→ヤクルト①・投手＆野手）

◇03年４人
内竜也（川崎工高→ロッテ①・投手）、成瀬善久（横浜高→ロッテ⑥・投手）、西村健太朗（広陵高→巨人②・投手）、明石健志（山梨学院大付高→ダイエー④・内野手）

◇04年３人
石川雄洋（横浜高→横浜⑥・内野手）、ダルビッシュ有（東北高→日本ハム①・投手）、涌井秀章（横浜高→西武①・投手）

◇05年8人

銀次（盛岡中央高→楽天③・捕手）、陽岱鋼《ようだいかん》（福岡第一高→日本ハム①・内野手）、川端慎吾（市和歌山商→ヤクルト③・内野手）、岡田貴弘（T－岡田、履正社高→オリックス①・外野手）、山口俊（柳ヶ浦高→横浜①・投手）、炭谷銀仁朗（平安高→西武①・捕手）、平田良介（大阪桐蔭高→中日①・外野手）、前田大和（樟南高→阪神④・内野手）

◇06年8人

梶谷隆幸（開星高→横浜③・内野手）、田中将大（駒大苫小牧高→楽天①・投手）、前田健太（PL学園高→広島①・投手）、會澤翼（水戸短大付属高→広島③・捕手）、坂本勇人（光星学院高→巨人①・遊撃手）、堂上直倫（愛工大名電高→中日①・内野手）、福田永将（横浜高→中日③・捕手）、吉川光夫（広陵高→日本ハム①・投手）

◇07年6人

丸佳浩（千葉経大付高→広島③・外野手）、伊藤光（明徳義塾高→オリックス③・捕手）、唐川侑己（成田高→ロッテ①・投手）、岩嵜翔（市船橋高→ソフトバンク①・投手）、中村晃（帝京高→ソフトバンク③・内野手）、中田翔（大阪桐蔭高→日本ハム①・外野手）

10年間で成功選手はわずか55人。それに対して大学卒、社会人出身は次のとおり。

◇**98年13人**

小林雅英（東京ガス→ロッテ逆指名・投手）、里崎智也（帝京大→ロッテ逆指名・捕手）、川越英隆（日産自動車→オリックス逆指名・投手）、福原忍（東洋大→阪神③・投手）、藤井彰人（近畿大→近鉄②・捕手）、新井貴浩（駒澤大→広島⑥・内野手）、上原浩治（大阪体育大→巨人逆指名・投手）、二岡智宏（近畿大→巨人逆指名・遊撃手）、建山義紀（松下電器→日本ハム逆指名・投手）、福留孝介（日本生命→中日逆指名・外野手）、岩瀬仁紀（NTT東海→中日逆指名・投手）、星野智樹（プリンスホテル→西武③・投手）、金城龍彦（住友金属→横浜⑤・外野手）

◇**99年5人**

吉野誠（日本大→阪神逆指名・投手）、藤井秀悟（早稲田大→ヤクルト逆指名・投手）、清水直行（東芝→ロッテ逆指名・投手）、木塚敦志（明治大→横浜逆指名・投手）、高橋尚成《ひさのり》（東芝→巨人逆指名・投手）

◇00年12人
阿部慎之助（中央大→巨人逆指名・捕手）、廣瀬純（法政大→広島逆指名・外野手）、加藤康介（日本大→ロッテ逆指名・投手）、木元邦之（龍谷大→日本ハム逆指名・内野手）、吉見祐治（東北福祉大→横浜逆指名・投手）、三井浩二（新日鉄広畑→西武逆指名・投手）、帆足和幸（九州三菱自動車→西武③・投手）、渡辺俊介（新日鉄君津→ロッテ④・投手）、赤星憲広（JR東日本→阪神④・外野手）、阿部真宏（法政大→近鉄④・内野手）、岡本真也（ヤマハ→中日④・投手）、藤本敦士（デュプロ→阪神⑦・内野手）、

◇01年10人
石川雅規（青山学院大→ヤクルト自由獲得枠・投手）、安藤優也（トヨタ自動車→阪神自由獲得枠・投手）、江尻慎太郎（早稲田大→日本ハム自由獲得枠・投手）、平野恵一（東海大→オリックス自由獲得枠・内野手）、細川亨（青森大→西武自由獲得枠・捕手）、杉内俊哉（三菱重工長崎→ダイエー③・投手）、有銘兼久（九州三菱自動車→近鉄③・投手）、石原慶幸（東北福祉大→広島④・捕手）、山井大介（河合楽器→中日⑥・投手）、後藤光尊（川崎製鉄千葉→オリックス⑩・内野手）

◇02年16人

加藤大輔（神奈川大→オリックス・自由獲得枠・投手）、村田修一（日本大→横浜自由獲得枠・内野手）、加藤武治（三菱ふそう川崎→横浜④・投手）、武田久（日本通運→日本ハム④・投手）、小谷野栄一（創価大→日本ハム⑤・内野手）、鶴岡慎也（三菱重工横浜硬式野球クラブ→日本ハム⑧・捕手）、永川勝浩（亜細亜大→広島自由獲得枠・投手）、江草仁貴（専修大→阪神自由獲得枠・投手）、久保田智之（常磐大→阪神⑤・投手）、和田毅（早稲田大→ダイエー自由獲得枠・投手）、新垣渚（九州共立大→ダイエー自由獲得枠・投手）、館山昌平（日本大→ヤクルト③・投手）、長田秀一郎（慶応大→西武自由獲得枠・投手）、小野寺力（常磐大→西武④・投手）、木佐貫洋（亜細亜大→巨人自由獲得枠・投手）、久保裕也（東海大→巨人自由獲得枠・投手）

◇03年8人

糸井嘉男（近畿大→日本ハム自由獲得枠・投手→野手）、押本健彦（日産自動車→日本ハム④・投手）、青木宣親（早稲田大→ヤクルト④・外野手）、内海哲也（東京ガス→巨人自由獲得枠・投手）、佐藤隆彦（G・G・佐藤、法政大→MLBマイナー→西武⑦・捕手）、鳥谷敬（早稲田大→阪神自由獲得枠・内野手）、馬原孝浩（九州共立大→ダイエー自由獲得枠・投手）、三瀬幸司（NTT西日本中国クラブ→ダイエー⑦・投手）

◇04年12人

藤田一也（近畿大→横浜④・内野手）、金子千尋（トヨタ自動車→オリックス自由獲得枠・投手）、久保康友（松下電器→ロッテ自由獲得枠・投手）、大松尚逸（東海大→ロッテ⑤・外野手）、能見篤史（大阪ガス→阪神自由獲得枠・投手）、マイケル中村（ブルージェイズ→日本ハム④・投手）、亀井義行（中央大→巨人④・外野手）、田中浩康（早稲田大→ヤクルト自由獲得枠・内野手）、松岡健一（九州東海大→ヤクルト自由獲得枠・投手）、中田賢一（北九州市立大→中日②・投手）、石井裕也（三菱重工横浜クラブ→中日⑥・投手）、片岡治大《やすゆき》（東京ガス→西武③・内野手）

◇05年18人

梵　英心《そよぎえいしん》（日産自動車→広島③・内野手）、青山浩二（八戸大→楽天③・投手）、草野大輔（ホンダ熊本→楽天⑧・内野手）、越智大祐（早稲田大→巨人④・投手）、脇谷亮太（NTT西日本→巨人⑤・内野手）、山口鉄也（メジャー傘下マイナー→巨人育成①・投手）、武田勝（シダックス→日本ハム④・投手）、飯原誉士《やすし》（白鷗大→ヤクルト⑤・外野手）、平野佳寿（京都産業大→オリックス希望枠・投手）、岸田護（NTT西日本→オリックス③・投手）、吉見一起（トヨタ自動車→中日希望枠・投手）、藤井淳志（NTT西日本→中日③・外野手）、根元俊一（東北福祉大→ロッテ③・内野手）、岩田稔（関西大→阪神希望枠・投手）、渡辺亮（日本生命→阪神④・投手）、松田宣浩（亜細亜大→ソフトバンク希望

枠・三塁手）、藤岡好明（JR九州→ソフトバンク③・投手）、本多雄一（三菱重工名古屋→ソフトバンク⑤・二塁手）

◇06年9人

嶋基宏（国学院大→楽天③・捕手）、渡辺直人（三菱ふそう川崎→楽天⑤・内野手）、大引啓次（法政大→オリックス③・遊撃手）、角中勝也（四国アイランドL高知→ロッテ⑦・外野手）、大隣憲司（近畿大→ソフトバンク希望枠・投手）、森福允彦《まさひこ》（シダックス→ソフトバンク④・投手）、長谷川勇也（専修大→ソフトバンク⑤・外野手）、岸孝之（東北学院大→西武希望枠・投手）、浅尾拓也（日本福祉大→中日③・投手）

◇07年3人

松山竜平（九州国際大→広島④・外野手）、聖澤諒（国学院大→楽天④・外野手）、宮西尚生（関西学院大→日本ハム③・投手）

98年〜07年までの10年間の成功選手は高校卒の約2倍、106人の大人数に膨れ上がり、その中には小林雅英、上原浩治、福留孝介、高橋尚成、青木宣親などメジャーでプレーした選手も多く、名球会会員も青木、阿部慎之助、平野佳寿、岩瀬仁紀、上原、福留、新井貴浩、鳥谷敬の8人を数える。それでも私には松坂大輔、藤川球児、内川聖一、岩隈久志、中村剛也、ダルビッシュ有、田中将大、坂本勇人ら高校卒の活躍にくらべると地味に見えてしまう。

その物足りなさを解消するのがドラフトに臨むときの戦略である。高校生の逸材が登場したときは迷わず1位で入札、3位以下では大学生と社会人を主体に指名する。

金本知憲が阪神監督就任前に掲げた「盗塁王、4番打者、エースになれる選手を取ろうとフロントに言っている」――このことをつねに頭の隅に置き、いまだに多くのスカウトや球団関係者がこだわる「即戦力」の誘惑を払拭する。05年の球界再編騒動以降の大変動を、球界関係者、マスメディア、ファンはもう一度、見直す必要があると思う。

一部の有力な大学生と社会人だけに与えられた「逆指名」(のちに自由獲得枠、希望枠)の嵐が吹きまくり、高校生がドラフトの中央舞台から弾き飛ばされていた98年春・夏の甲子園大会連覇の松坂大輔(横浜高・投手)が登場すると、パ・リーグの数球団が高校生主体の指名に切り替え始めた。まさに波乱万丈の球界の幕開けである。

松坂世代の大学生、村田修一(日本大→横浜・三塁手)、和田毅(早稲田大→ダイエー・

投手）、木佐貫洋（亜細亜大→巨人・投手）が脚光を浴びた02年に、ロッテは西岡剛（大阪桐蔭高・遊撃手）、近鉄は坂口智隆（神戸国際大付高・投手→野手）、ヤクルトは高井雄平（東北高・投手）の1位指名を敢行、03年にはロッテが内竜也（川崎工高・投手）たち高校生を指名。そして近鉄の消滅（オリックスと合併）を合図に、逆指名ドラフトの裏舞台で飛び交っていた裏金が大問題になり逆指名・希望枠ドラフトや分離ドラフト（05年〜07年に開催）が廃止になり、日本人選手のメジャー挑戦が日常化するのと同時にFA権を取得した超一流選手の国内球団への移籍が激減、セ・リーグ優位の勢力図に変化が起き始めた。

この変化を日本シリーズの成績でくらべてみよう。

◇95年〜04年＝セの6勝4敗
◇05年〜14年＝パの7勝3敗
◇15年〜22年＝パの7勝1敗

パ優位の流れを作ったキーマンはドラフト1位で指名された高校卒である。

04年＝ダルビッシュ有（東北高・投手）、涌井秀章（横浜高・投手）
05年＝岡田貴弘（現在のT－岡田、履正社高・外野手）
06年＝田中将大（駒大苫小牧高・投手）
07年＝中田翔（大阪桐蔭高・内野手）
09年＝菊池雄星（花巻東高・投手）
12年＝大谷翔平（花巻東高・投＆打）
13年＝森友哉（大阪桐蔭高・捕手）、松井裕樹（桐光学園高・投手）

この間、セ・リーグにも06年＝前田健太（ＰＬ学園高→広島・投手）、坂本勇人（光星学院高→巨人・遊撃手）、09年＝筒香嘉智《つつごう》（横浜高→横浜・外野手）、10年＝山田哲人（履正社高→ヤクルト・内野手）、12年＝藤浪晋太郎（大阪桐蔭高→阪神・投手）が登場しているが、話題の中央に居座っていたのはパの高校卒1位だ。

多くの言葉やスペースを費やしてきたこれらの中に阪神の選手が少ないことに気づかれただろうか。高校卒に至っては藤川球児くらいしか見当たらない。阪神は球界再編後の大変化に乗り遅れていたのである。

ウエイトトレーニングがもたらした変化

松坂大輔が出現するまで、高校野球で「ウエイトトレーニング」が話題になることはあまりなかった。松坂が２カ所のジムに通っていることが報道されたあたりから、高校生のウエイトトレーニングが日常的な話題になりつつあった。私の体験では06年に仁藤拓馬投手（06年高校生ドラフトでオリックスが４巡目で指名）の取材で島田商業高校を訪れたとき、かつての20勝投手がウエイトトレーニングの器具を売り込もうと、セールストークを繰り広げていた光景が思い浮かぶ。

それ以前にも、池田高が83年に夏春連覇した数年後、帝京高の前田三夫監督（当時）を取材したときに「83年センバツ大会で池田高に０対11で惨敗したことをきっかけにウエイトトレーニングを練習に組み入れ、ピッチャーは球速が速くなり、野手はスローイングの距離が長くなった」と聞かされていたので、かなり前からウエイトトレーニングが高校球界に浸透していたのがわかる。近年はそれが全国的に広まったのだろう。その成果は、高校卒選手の即戦力化がよく表している。

松坂はプロ1年目に16勝5敗（最多勝、新人王）、ダルビッシュは2年目に12勝5敗（日本シリーズ優秀選手賞）、田中将は1年目に11勝7敗（新人王）、前田健太は2年目に9勝2敗、藤浪晋太郎は1年目に10勝6敗、大谷翔平は2年目に11勝4敗、山本由伸は2年目に4勝2敗32ホールド1セーブ、佐々木朗希は2年目に9勝4敗を挙げ、22年4月10日のオリックス戦では史上最年少で完全試合を達成、野手でも村上宗隆が2年目に打率・231、本塁打36、打点96で新人王……等々、近年高校卒選手のプロでの早い活躍が目立っている。

松坂以前はプロに入ってから3〜4年は二軍で走ることを中心に体作りに明け暮れるのが普通だった。今は本屋をのぞけばノーラン・ライアン（レンジャーズなど）とトム・ハウス（レンジャーズコーチなど）共著の『ピッチャーズバイブル』（ベースボール・マガジン社）が棚に並び、そこにはチューブやダンベルを使った筋トレやストレッチのやり方が写真や図入りで丁寧に紹介されている。

この変化は、ドラフトの指名にも影響を及ぼしている。以前は大学生と社会人投手の上位指名が多かったオリックスが19年＝1位・宮城大弥、2位・紅林《くればやし》弘太郎、20年＝1位・山下舜平大《しゅんぺいた》（福岡大大濠高・投手）、2位・元謙太《げんけんだい》（中京高・外野手）という高校生に舵を切った指名を敢行、リーグ3連覇につなげているのである。

プロに入って走り込み中心の体作りに明け暮れるのと、筋トレで作りあげた体力を確認するように、野手はフルスイングで打球を遠くへ飛ばし、投手は150キロ近いストレートをびゅんびゅん投げて、野球がうまくなっていく実感に心を躍らせる……のと、どちらがいいのか、あえて言うまでもない。97年までにプロ入りした高校卒の成功率の低さと現在のオリックス投手陣の若さを見くらべると隔世の感がある。

先発の山本由伸（現ドジャース）、山下舜平大、東晃平（17年神戸弘陵高→育成2位）は100球を超えても150キロ台中盤から後半のストレートを投げることができる。リリーフも強烈で山﨑颯一郎、宇田川優希は160キロに迫る剛速球で防御率1点台を死守し、阿部翔太、平野佳寿も1点台。これほど安定感のある投手陣は12球団でもオリックスがナンバーワンで、その中心勢力にいるのは高校卒である。

ここでオリックス投手陣のドラフト指名順位と出自を紹介しよう。

◇ドラフト1位

山下舜平大（20年・福岡大大濠高）
宮城大弥（19年・興南高）
山﨑福也《さちや》（14年・明治大※24年に日本ハム移籍）

◇ドラフト2位以下

比嘉幹貴（09年2位・日立製作所）
山本由伸（16年4位・都城高）
本田仁海（17年4位・星槎国際湘南高）

山岡泰輔（16年・東京ガス）

田嶋大樹（17年・JR東日本）

曽谷龍平（22年・白鷗大）

平野佳寿（05年大学D・京都産業大）

山﨑颯一郎（16年6位・敦賀気比高）

阿部翔太（20年6位・日本生命）

宇田川優希（20年育成3位・仙台大）

東晃平（17年育成2位・神戸弘陵高）

ドラフトの順位で見ると、1位と4位以下が中心勢力で、出自も高校卒にエース格が揃っている。これはドラフト的表現を借りればスカウティングに眼力があり、ファームの育成能力が高いということである。オリックスの優勝が決まる前日の日刊スポーツ紙は東晃平投手を取り上げ、「編成の傑作」と評していた。

「神戸弘陵3年時は体重70キロを割りそうな細身。椎間板の骨折もあり他球団はほとんど手を引いた。だがオリックスは早々に『体ができればものになる』と判断していた」

ここからが面白い。山下舜平大と同様に一、二軍の全スタッフが連携して東の「旬」を見定めたとあるのだ。私は23年版の『プロ野球 問題だらけの12球団』に自分の置かれた状況を書きながら若手選手の旬についても次のように書いた。

「私は22年9月4日に脳梗塞を発症し、約半年後の3月下旬までは今入院しているリハビリ専門病院の厄介になる予定である。リハビリを担当する先生方に聞いて知ったのだが、発症から1カ月までを急性期、6カ月までを回復期と言うらしい。この回復期を過ぎるとリハビリの効果が遅くなるので、私は回復期のリハビリを頑張っているのだが、プロ野球の世界にも同じように成長に適した時期や期間があるのではないかと考えるようになった。

たとえば、素質のよさが発現してから1年以内が成長期なら、この時期に一軍で起用しなければ〝旬〟を逃す。つまり、一・二軍にかかわらず、監督、コーチにもっとも必要なのは手取り足取りの指導ではなく、素質の発現した瞬間を見逃さない眼力なのではないか」

自分の書いた原稿に共鳴するようにオリックス若手投手の記事が約半年後、日刊スポーツ紙一面に掲載される、ライターにとって自分の書いた原稿がわずかにでも球界に影響を及ぼしたのではないか、と思えた瞬間である。その日刊スポーツ紙の記事に書かれていたのが東晃平というのもうれしい。

常勝軍団を作るための土台

オリックスほどではないが、15年以降の阪神の〝本格派志向〟も目立つ。

金本メソッド以前に指名された投手は、08年＝1位・蕭一傑（奈良産業大）、4位・西村憲（九州産業大）、育成2位・吉岡興志（常磐大）、09年＝1位・二神一人（法政大）、2位・藤原正典（立命館大）、4位・秋山拓巳（西条高）、育成1位・高田周平（BCリーグ信濃）、10年＝1位・榎田大樹（東京ガス）、2位・一二三慎太（東海大相模高）、4位・岩本輝（南陽工高）、育成2位・島本浩也（福知山成美高）、11年＝2位・歳内宏明（聖光学院高）、4位・伊藤和雄（東京国際大）、5位・松田遼馬（波佐見高）、12年＝1位・藤浪晋太郎（大阪桐蔭高）、3位・田面《たなぼ》巧二郎（JFE東日本）、5位・金田和之（大阪学院大）、13年＝1位・岩貞祐太（横浜商科大）、5位・山本翔也（王子）、6位・岩崎優（国士舘大）、14年＝1位・横山雄哉（新日鉄住金鹿島）、2位・石崎剛（新日鉄住金鹿島）、4位・守屋功輝（Ｈｏｎｄａ鈴鹿）という顔ぶれ。

大学生9人、社会人6人、高校生7人、独立リーグ1人という出自の構成を見ると、

「即戦力」「安定感」という固定観念に縛られているのがわかる。ストレートで押す本格派も松田、藤浪、岩貞、横山、石崎、守屋くらいで、あとの14人は変化球を売りにする技巧派ばかり。

それが、金本メソッドが発される15年以降、様相が一変する。ストレートの速さがセールスポイントの本格派が多く指名されるようになったのである。成功・不成功に関係なく名前を挙げていこう。

15年＝４位・望月惇志《あつし》（横浜創学館高）、16年＝２位・小野泰己（富士大）、３位・才木浩人（須磨翔風高）、４位・浜地真澄（福岡大大濠高）、17年＝１位・馬場皐輔（仙台大）、18年＝４位・齋藤友貴哉（Ｈｏｎｄａ）、６位・湯浅京己（ＢＣリーグ／富山ＧＲＮサンダーバーズ）、19年＝１位・西純矢（創志学園高）、20年＝３位・佐藤蓮（上武大）、21年＝１位・森木大智（高知高）、３位・桐敷拓馬（新潟医療福祉大）、５位・岡留英貴（亜細亜大）、22年＝２位・門別啓人（東海大札幌高）、23年＝２位・椎葉剛（四国アイランドリーグ／徳島）は、ドラフト前から速球派として名前が挙がっていた本格派である。

以前は二軍に埋もれたままになっていた本格派が今は、才木、浜地、湯浅、西純矢、桐敷のように一軍の戦力になっていることが多い。

ファーム指導者の育成能力の賜物と言って間違いないが、鳴尾浜にあるファームのグラウンドや室内練習場が手狭な上に老朽化が進み問題になっていた。ファンの視点に立てば、バス便を使うアクセスが面倒で、二軍戦が行なわれる球場の収容人数が500人と手狭なので遅れて行けば観戦できないこともある。そうした不満を解消しようと、25年にファームのグラウンドと施設を尼崎市に移転することが決まっている。

新たな二軍の本拠地は阪神電車（あるいは阪神なんば線）に乗って大阪方向へ向かうとき必ず目にする場所である。尼崎駅を出てしばらくすると奈良方向に向かう阪神なんば線と大阪梅田方向に向かう阪神本線が分岐する。川で言えば本流と支流が分かれた場所にできるデルタ地帯（小田南公園）に阪神のファームは移転する。

「ゼロカーボンベースボールパーク」のタイトルがついた阪神電鉄のホームページを見ると、メインスタジアムの「日鉄鋼板SGLスタジアム尼崎」は甲子園球場と同じ両翼95メートル、中堅118メートルの広さで、フィールド内も内野が黒土、外野が天然芝という甲子園式。500席だった客席数は7倍以上の3600席（うち車椅子席18席）になり、外野席を開放すれば800人の増員も可能になり、阪神のファームの試合は一部のコアなファンの独占状態から一般の緩やかなファンにまで開放されることになる。

メインスタジアム以外でもタイガース練習場、室内練習場、選手寮兼クラブハウスが新設され、タイガースの選手を身近に感じながら野球を楽しめる小田南公園野球場や、くつろげる広場、散歩やランニングができる周遊コースも整備される予定で、総工費は１００億円とも言われている。常勝軍団を作る意気込みがひしひしと伝わってくる。

第2章
暗中模索からの起死回生

2000年からのチーム作りを再検証

2000年に上梓した『プロ野球 問題だらけの12球団』（草思社）はNPBに所属する12球団の過去と現状を明らかにし、そこからあぶり出されてくる未来に対して今、できることは何なのかを問うた本である。

年度版の本書が過去24年間、阪神をどのように批評してきたのか年度ごとに確認しながら、23年の日本シリーズ制覇までの長い道のりを、振り返ってみることにしよう。ちなみに、本書中の《 》内の文章は、各年度の『プロ野球 問題だらけの12球団』に書かれた文章を再現したものである。

2000年版の指摘

チームを蝕む「伝統」の呪縛

監督＝野村克也［99年6位、00年6位、01年6位］

「小技の2番タイプ」を上位指名する伝統

《80年代後半のドラフトで目立ったのが2位指名での小技重視路線。〝2番タイプ〟の主に内野手を積極的に指名しているのだ。この間の1位指名は高校生路線、即戦力路線が一定せずフロントに迷いのようなものが見えるが、2位指名の小技路線には迷いがない》

80年代以降の小技路線として名前を挙げたのは鶴見信彦（三菱自動車川崎→88年2位）、岡本圭治（近畿大→89年2位）、久慈照嘉（日本石油→91年2位）たちで、阪神の監督経験者にもこのタイプが多い。吉田義男、安藤統男《もとお》、中村勝広、和田豊である。

《小技の2番タイプは阪神フロントが伝統的に重んじる監督の理想像なのかもしれない。つまり、フロントの言うことをよく聞いて、その指示に従う忠実な部下という監督像》

00年のドラフトでは1位、2位で社会人投手の藤田太陽（川崎製鉄千葉）、伊達昌司（プリンスホテル）を指名し、1、2番タイプは4位の赤星憲広（JR東日本・外野手）、7位の藤本敦士（デュプロ・遊撃手）がいる。赤星は新人年の01年から5年連続で盗塁王のタイトルを獲り、03年～05年の3年間は60個以上記録しているので大成功の指名だった。

ただ、この時期、和製大砲と呼べる強打者は新庄剛志（00年は本塁打28、打点85）しかおらず、その新庄も00年限りでFA権を行使してニューヨーク・メッツに移籍している。この退団劇は予測不能で、ドラフトが行なわれた11月17日時点では好条件を提示した阪神に残留するというのが大方の見方だった。

新庄は28歳になっていたので後継者探しは終えていなければいけないはずだが、強打者候補と呼べる若手・中堅は濱中治（22歳）、今岡誠（26歳）しかおらず、それでもドラフトでは業師タイプの赤星、藤本、狩野恵輔（前橋工高→3位・捕手）、沖原佳典（NTT東日本→6位・内野手）、梶原康司（九州東海大→8位・外野手）しか指名していないのは危機管理能力の欠如と非難されてもしかたない。

投手は線の細いスレンダー志向

《投打とも手薄な陣容だが、より深刻なのは投手陣のほうだ。星野伸之（オリックス）をFAで獲得して先発1枚は確保できたが、あとの顔ぶれに信頼感がない。ドラフトでの迷いというより、阪神スカウトの伝統的な即戦力路線志向、さらに線の細いスレンダー志向という〝好み〟を優先させた結果、できあがった投手陣なのである》

個別では川尻哲郎（10勝7敗）、ハンセル（7勝8敗）、藪恵壹（6勝10敗）、福原忍（5勝9敗）、星野伸之（5勝10敗）がこの00年に残した先発陣の成績で、リリーフ陣は伊藤敦規（3勝1敗）、葛西稔（7勝6敗）、遠山奨志（2勝0敗）、西川慎一（2勝1敗）、吉野誠（0勝4敗）という顔ぶれだった。

それ以前の10年間のドラフトで獲得したその後の主戦投手は湯舟敏郎（本田技研鈴鹿→90年1位）、藪恵壹（朝日生命→93年1位）、川尻哲郎（日産自動車→94年4位）、井川慶（水戸商高→97年2位）、藤川球児（高知商高→98年1位）、福原忍（東洋大→98年3位）たちだが、90年代に黄金時代を築くヤクルトの石井一久（東京学館浦安高→91年1位）、伊藤智仁（三菱自動車京都→92年1位）、山部太（NTT四国→93年1位）、石井弘寿（東京学館高→95年4位）、五十嵐亮太（敬愛学園高→97年2位）、藤井秀悟（早稲田大→99年2位）という顔ぶれと比較すれば、数だけでなく一人ひとりのスケールでも差をつけられているのがわかる。

この90年代には痛恨のトレード劇も演じている。88年以降の5年間で35勝52敗、防御率3・81（オリックス時代を含めれば、89勝87敗、防御率3・50）を挙げている野田浩司（九州産交・投手）と松永浩美（オリックス）をトレードしているのだ（93年）。松永は通算1904安打、203本塁打している大打者だが、移籍1年目に、打率・294（安打89）、本塁打8、打点31という低空飛行で期待を裏切り、オフには取得したFA権を行使してダイエーに移籍し、阪神を後にする際には「甲子園の土は柔らかすぎて幼稚園の砂場みたいで守りにくかった」と発言して、阪神ファンの怒りを買っている。

野田が在籍していた92年にヤクルトと優勝争いを演じ、オリックスにトレードされた93年には例年のようにＢクラスに低迷した阪神を見ると、その後の暗黒時代はドラフトだけでなく、フロントにも原因があったのではないかと思えてしまう。

2000年　ドラフト指名選手

順位	選手名	守備	所属
1位	藤田太陽	投手	川崎製鉄千葉
2位	伊達昌司	投手	プリンスホテル
3位	狩野恵輔	捕手	前橋工
4位	赤星憲広	外野手	JR東日本
5位	加藤隆行	投手	長崎工
6位	沖原佳典	内野手	NTT東日本
7位	藤本敦士	内野手	デュプロ
8位	梶原康司	内野手	九州東海大

2001年版の指摘

「名将」野村克也の挫折

監督＝野村克也

大物外様監督の明と暗

阪神は巨人と並ぶ伝統球団なので監督は生え抜きが多く、99年に野村克也が就任する以前の〝外様〟は藤本定義《さだよし》（61年～68年）、ブレーザー（79年～80年）、中西太（80年～81年）の3人しかいない。

この中で確かな結果を残したのが藤本である。日本一にこそならなかったが、投手は毎年のように20勝以上した小山正明、村山実、バッキー、江夏豊を抱え、野手も「牛若丸」の異名をとった吉田義男、通算1436安打の遠井吾郎を擁し、チーム順位は優勝2回、2位1回、3位4回、4位1回という安定感で、巨人と優勝を争うことが多かった。もっとも大きな実りをもたらした監督が外様、それも元巨人の名監督、藤本だったことが、野村を招聘する背景にあったと思う。

しかし野村監督は就任した99年以来、3年連続で最下位に沈み、やはり外様の星野仙一に監督の座を取って代わられる。

慢性的な攻撃力不足を招いた投手偏重ドラフト

《ご存じだろうか。セ・リーグで通算勝率がもっとも高いのは巨人の0・595だが、2位は阪神の0・5151である。そして3位は中日の0・5149。つまり阪神と中日の差はわずか0・0002、つまり2毛差である。

そこで気が早いが、今季終了時点ではどうなっているのか予想してみた。もし中日が今季、昨シーズンと同じ70勝65敗だと、通算4003勝3771敗となり勝率・05149となる。阪神が今季、1つ勝ち越して68勝67敗だと4025勝3792敗となる。勝率は0・51490。わずか0・00002だが、勝率2位チームには中日が逆転して浮上し、阪神は3位に転落することになる》

23年シーズンオフの時点では阪神が38年ぶりの日本一に輝き、中日は2年連続最下位に沈んでいるので、プロ野球の世界は一寸先が闇だということがわかる。

この01年のチーム成績は防御率3・749がリーグ4位に対し、打率・243は最下位。この頃、阪神低迷の背景には慢性的とも言える攻撃力不足があり、その原因を探っていくと投手ばかり指名するドラフトに行き着く。

まず80年代に1位指名した野手は木戸克彦（法政大→82年・捕手）だけ。たとえば、80年以降、黄金時代を築いた西武なら石毛宏典、伊東勤、大久保博元、清原和博、鈴木健を1位で指名し、大久保以外は全員、中心選手になっている。「野球は守りから」を標榜する監督が多いが、強いチームは例外なく強力な攻撃陣を備えていることをお忘れなく。

阪神も90年代になると萩原誠（大阪桐蔭高→91年・内野手）、今岡誠（東洋大→96年・内野手）、中谷仁（智弁和歌山高→97年・捕手）、的場寛壱（九州共立大→99年・内野手）と4人の野手を1位で指名し、投打のバランスで戦っていくというチームの総意がうかがわれる。

とくに見応えがあるのは今岡を指名した96年で、2位・関本賢太郎（天理高・内野手）、

3位・濱中治（南部高・外野手）と上位に野手の名前が並んでいる。99年以降に黄金時代を築くダイエー（現在のソフトバンク）がやはり1位・井口資仁、2位・松中信彦、3位・柴原洋の野手を上位で指名しているが、阪神は03年、05年にリーグ優勝を果たし、ダイエーは99年、03年に日本シリーズを制覇し、ソフトバンクになってからは10年以降、7回の日本一を達成している。

90年代のドラフトの成果がチーム成績に反映されるのが00年代とは不思議な気もするが、ドラフトの効果が表れるのは5年〜10年後というのは常識である。

「再生工場」は稼働せず、即戦力ドラフトも不発

《昨シーズン、投手陣があげた57勝の内訳を年齢とともに見てみよう。20歳代はハンセル、福原、井川、ラミレズだけで、この4人の合計勝ち星が14勝。あとの43勝はすべて30歳代の投手があげたものである。この勝ち星をあげた14人の平均年齢は何と31歳。ちょっと力が抜けた。ちなみに、生え抜きは7人、移籍組（遠山も含む）は7人である》

1990 年代、ヤクルト監督として 4 度の優勝（3 度の日本一）を果たし、名将の名をほしいままにした野村克也だが、阪神では手腕を発揮できず、3 年連続最下位という成績を残して球団を去った。

この時期、采配を振っていた野村監督は南海監督時代、伸び悩んでいた山内新一（前巨人）、江本孟紀（前東映）の素質開花に力を貸し、力に衰えが見え始めていた江夏豊をリリーフ投手として復活させるなど「再生工場」の異名がつけられていた。要するに新人より他球団を経由してきた移籍選手のコーチングのほうを得意としてきた。

野村は99年に阪神監督に就任して以来、城友博（ヤクルト）、佐々木誠（西武）、星野伸之（オリックス）、与田剛士（日本ハム）、広澤克実（巨人）、橋上秀樹（日本ハム）、酒井弘樹（近鉄）、成本年秀（ロッテ）などをチームに迎えたが、南海時代のような再生工場の手腕は発揮されなかった。

その苛立ちもあったのか、阪神の監督だった99年〜01年までの3年間、阪神のドラフトは徹底した即戦力狙いで、高校生を指名したのは24人中7人だけで、私が成功基準とする「投手＝300試合登板、50勝以上（1セーブ・ホールドは0・5勝で計算）、打者＝1000試合出場、500安打以上」をクリアした高校卒は1人もいなかった。

ヤクルト監督だった90年〜98年には石井一久、石井弘寿、岩村明憲、五十嵐亮太という高校卒の成功選手がいたことを思えば、早急に結果を求められた阪神時代の息苦しさが理解できる。

2001年　ドラフト指名選手

順位	選手名	守備	所属
自由枠	安藤優也	投手	トヨタ自動車
自由枠	浅井良	捕手	法政大
4巡目	桜井広大	内野手	PL学園高
5巡目	中林祐介	投手	金沢高
6巡目	藤原通	内野手	立命館大
7巡目	喜田剛	外野手	福岡大
8巡目	梶原和隆	投手	愛知工業大
9巡目	東辰弥	捕手	早稲田大

2002年版の指摘

「劇薬」投入

監督＝星野仙一［02年4位、03年優勝］

監督就任直後から圧倒的なスカウト力を発揮

脱税問題が浮上した野村沙知代夫人が東京地検特捜部に逮捕されたことをきっかけに野村克也が監督を辞任。後任監督となった星野仙一は片岡篤史（日本ハム・内野手）、アリアス（オリックス・内野手）など6選手を獲得してチームを上昇機運に乗せた。また、野村監督時代には2ケタ勝利に届かなかった井川慶が14勝9敗を挙げ、翌03年にはMVP、最多勝、最優秀防御率、沢村賞などを獲得するなど大ブレイク。

行先が定まらず曲がりくねっていた道が1985年以来18年ぶりのリーグ優勝に向かう一本道になった気がした。

野村と星野、監督として何が違ったのか

《２人（片岡とアリアス）の加入で今岡が生き返る。二塁64試合、三塁71試合、遊撃８試合と便利屋的に使われた昨シーズンだが、片岡の加入により二塁に専念できる環境が整い、上坂太一郎とのハイレベルなポジション争いが期待できる。二塁を追い出されたら守るところがない、というのは当たり前。阪神はようやく正常な姿を取り戻しつつある》

野村監督が最後に指揮をとった01年と星野監督が最初に指揮をとった02年を比較するとメンバーがまるっきり違うので驚く。野村監督も星野監督も戦略・戦術を駆使する勝負師だが、使える選手がいなくても戦術があれば他球団より１つ２つ多く勝ち星を拾うことができる、という自惚《うぬぼ》れは野村監督のほうが強い。

星野監督は自分の頭脳に対する自惚れが弱いぶんだけ、選手をしっかり集めている。両年の主なスタメンを紹介しよう。

【01年野村監督時代】

（二）上坂太一郎
（中）赤星憲広
（左）濱中治
（一）クルーズ
（右）桧山進次郎
（三）今岡誠
（捕）矢野輝弘
（遊）藤本敦士
（投）――――

【02年星野監督時代】

（二）今岡誠
（中）赤星憲広
（左）濱中治
（右）桧山進次郎
（一）アリアス
（三）片岡篤史
（遊）関本賢太郎
（捕）矢野輝弘
（投）――――

ドラフトと在籍する選手の底上げでチームを作る野村監督と、どん欲にＦＡ・トレード戦略を駆使してチームを作る星野監督の差が色濃く出ている。02年のチーム打率は野村時代の最終年より1分上がって・２５３になり、ホームラン数は90本から１２２本に急増。移籍したアリアスの32本塁打が大きかったが、05年に１４７打点でタイトルを獲る今岡が、野村監督の呪縛《いじめ》から解放され、打率・317、本塁打15、打点56（前年は打率・268、本塁打4、打点40）を挙げているのが目立つ。

金本知憲監督時代に藤浪晋太郎（現メッツ）の成績が急降下したことがあるが、阪神は歴代、監督と選手の軋轢によってチーム状態が悪くなることが多い。監督は一歩引いて選手を立てろ、ということである。

井川慶の本格化で急激な新旧交代が勃発

《エース格であったはずの藪恵壹0勝、川尻哲郎1勝、星野伸之1勝。3人で2つの勝ち星しか挙げられず、急激な新旧交替の大波に飲み込まれたような01年。だが、危機感は感じない。ようやく阪神も若手主体に切り換えるきっかけがつかめたと、ホッとしたような気分なのだ。中途半端に勝てば、それだけ新旧の入れ替わりが遅れる。これでよかった》

02年の投手陣の大きな変化は前年9勝13敗だった井川慶が14勝9敗を挙げて、エースになったことだ。野村監督時代の勝ち頭は99年の福原忍、00年の川尻哲郎が揃って10勝、01年は井川と福原の9勝だが、先発陣に長いイニングを投げるタフさがなかった。

野村がヤクルト監督で優勝した92年、93年、95年、97年には岡林洋一、西村龍次、伊東昭光、山部太一、ブロス、石井一久、田畑一也、吉井理人が13勝以上を挙げ、150～200イニングス以上投げていた。そういうタフなエースが野村野球には必要だった。井川の素質開花が1年遅れたことで野村の退陣が早くなったことは間違いないだろう。

また、リリーフ陣に「勝利の方程式」と呼べるような選手を置けなかったこともBクラス低迷の一因だった。02年のチーム24セーブはセ・リーグどころか12球団中もっとも少ない。その代わり21完投はリーグ最多の広島に次いでリーグで2番目に多い。パ・リーグでも日本ハムが28セーブ（リーグ最少）、18完投（リーグ最多）で5位に沈んでいる。

終盤の勝利の方程式で僅少差を守りきる、という現代野球の流れに追いついていなかったと言っていい。ジェフ・ウィリアムス、藤川球児、久保田智之の3人で7回以降を完璧に抑えきる「JFK」が球界を震撼させるのは3年後の05年のことである。

ゼロ年代前半の阪神において圧倒的な存在感を示しつづけた左腕・井川慶（1997年ドラフト２位）。

藤川はこの02年、プロ入り4年目の若手で、一軍成績は12試合に登板して1勝5敗、防御率3・71。久保田は11月20日のドラフトで5巡目指名され、ウィリアムスの入団は翌03年である。

2002年　ドラフト指名選手

順位	選手名	守備	所属
自由枠	杉山直久	投手	龍谷大
自由枠	江草仁貴	投手	専修大
4巡目	中村泰広	投手	日本IBM野洲
5巡目	久保田智之	投手	常磐大
6巡目	三東洋	投手	ヤマハ
7巡目	林威助	外野手	近畿大
8巡目	田村領平	投手	市立和歌山商
9巡目	新井智	投手	ローソン
10巡目	伊代野貴照	投手	ローソン
11巡目	萱島大介	内野手	ローソン
12巡目	松下圭太	外野手	三瓶高

2003年版の指摘

引き継がれない「強さ」

監督＝星野仙一

優勝監督・星野が遺した「負の遺産」

阪神監督に就任して2年目の03年、星野監督は24人の選手を入れ替えるFA・トレード戦略を敢行した。入団したのは下柳剛、伊良部秀輝、金本知憲など他球団経由組、ドラフト組は1位・杉山直久、2位・江草仁貴、4巡目・中村泰広、5巡目・久保田智之など11人で、退団したのは星野伸之、葛西稔、弓長起浩《ゆみながたつひろ》、遠山奨志、成本年秀、坪井智哉……等々。

この頃、星野から頻繁に聞かれたのが「スピードがないと、本当の変革とは言えない」という言葉だ。

《「スピードがないと、本当の変革とは言えない」。この言葉があらゆる意見を凌駕して一人歩きしてしまった。しかし、スピードがないと本当の改革とは言えないのだろうか。また、スピードとは、具体的に「何年」くらいのことを言うのだろうか。黄金時代の西武は4年の歳月が費やされ、ダイエーにいたっては6年の歳月が費やされ、勝てるチームに仕上げられた。星野は「5、6年かけてええんやったら誰にでも（改革は）できる」と言ったが、球史に残る辣腕フロント、根本陸夫（元ダイエー球団副社長）でさえ4年〜6年かかった、という事実を謙虚に受けとめるべきである》

03年のシーズンが始まる前にこのように書いたが、現実には星野阪神は2位の中日（星野が01年まで監督を務めていた）に14・5ゲームの大差をつけて18年ぶりのリーグ制覇を成し遂げている。さらに岡田彰布に監督が受け継がれた04年以降も、4位→1位→2位→3位→2位と上位にいることが多かったので、強さは引き継がれたように見えるかもしれないが、その後は、23年の優勝まで再び18年の空白があったことも事実である。

03年〜14年のドラフトで戦力になったのは鳥谷敬（早稲田大→03年自由獲得枠・内野手）、能見篤史（大阪ガス→04年自由獲得枠・投手）、前田大和（樟南高→05年高校生ドラフト4巡目・内野手）、岩田稔（関西大→05年希望枠）、上本博紀（早稲田大→08年3位・内野手）、秋山拓巳（西条高→09年4位・投手）、藤浪晋太郎（大阪桐蔭高→12年1位・投手）、岩貞祐太（横浜商科大→13年1位・投手）、梅野隆太郎（福岡大→13年4位・捕手）の9人だけ。

この期間、黄金時代を築いたソフトバンクは20人以上をドラフトで戦力にし、阪神には3人しかいなかった高校卒の戦力を9人も生み出している。そう考えると「スピードがないと、本当の変革とは言えない」という星野の言葉は、強さが持続しない阪神の負の土台を作り、金本の「ドラフトですぐ使える便利屋のような選手を多く取る球団の体質が、生え抜きが育たない要因」という金言を生む背景になった。

スタメンにドラフト上位指名選手が少なすぎる

《8人のレギュラー候補のうち4人が移籍選手と外国人選手で、ドラフト上位組は今岡1人だけ。「ドラフトなんてやったって意味がない」、そんな声が聞こえて

くるようなスターティングメンバーである》

この年の実際のレギュラーも移籍組・外国人は金本知憲、アリアス、片岡篤史、矢野輝弘で、ドラフト上位は今岡だけだった。20歳代は今岡（29歳）、藤本敦士（26歳）、濱中治（25歳）がいたが、私が若手の目安にする25歳以下に人材がおらず、将来につながる明るい展望はどこを探しても見当たらないというのが03年の野手陣だった。それでも優勝してファンを熱狂させたことで、阪神のチーム作りはこれでいい、という結論をフロントは手にしたのかもしれない。

分離ドラフトで失われた高校卒選手への「嗅覚」

《「3年後」に目を向けると、井川、福原、安藤、藤田、藤川、金澤、加藤隆行の既存選手に、ドラフトで獲得した杉山、江草、中村、久保田、三東、田村が主力候補。この15人が23歳～26歳の中にひしめいている。ライバル意識をあおるというプラス効果はあるが、下降線を描くのも同時期、という危険性をはらんでい

ることも事実。高校卒選手が井川、藤川、加藤、田村の4人しかいないから、選手寿命にも太鼓判が押せない》

ドラフトは05年から3年間、高校生と大学生&社会人を分けて指名する「分離ドラフト」に突入していくが、セ・リーグは牽引車である巨人のやり方に引きずられたのか、大学生&社会人を上位で指名する「自由獲得枠&希望枠」型に慣れて、高校生は下位で指名する傾向にあった。

たとえば分離ドラフトの前年、04年の1位、2位指名の高校生はセが広島の1位・佐藤剛士(秋田商高・投手)だけだったのに対し、パはダルビッシュ有(東北高→日本ハム1位・投手)、涌井秀章(横浜高→西武1位・投手)など4人もいて、ダルビッシュはメジャーリーグで最多奪三振、最多勝のタイトルを獲り、涌井は通算159勝を挙げる活躍をする選手になっている。

言ってみればこの時期のセ各球団は高校生に対する嗅覚が鈍く、分離ドラフトの3年間で若い好素質の選手はパに集中し、長らく続く「パ高セ低」現象を生んでしまった。水戸商高卒の井川慶がこの年、20勝5敗で投手三冠に輝いているので阪神に育成能力がないわけではない。ただ、02年から井川がヤンキースに入団する07年まで、左腕を８人も指名しながら、そのうち高校生が１人しかいなかったというのが「嗅覚がない」ということなのかなあと思う。

2003年　ドラフト指名選手

順位	選手名	守備	所属
自由枠	鳥谷敬	内野手	早稲田大
自由枠	筒井和也	投手	愛知学院大
4巡目	桟原将司	投手	新日本製鐵広畑
5巡目	小宮山慎二	捕手	横浜隼人高
6巡目	庄田隆弘	外野手	シダックス

2004年版の指摘

「冒険心」なきチーム作り

監督＝岡田彰布［04年4位、05年1位、06年2位、07年3位、08年2位］

新戦力の抜擢が上手い岡田新監督

岡田彰布新監督の特性とは、オリックス監督時代（10年〜12年）にも発揮された新戦力の抜擢である。T－岡田は09年にファームで打率・295、安打76、本塁打21、打点59を挙げている大器だが、ボールを待つ間、構えたバットが左右に大きく動き、スイング軌道は振り始めからアッパースイングというクセの強さがたたり、伸び悩んでいた。

岡田新監督はこの悩める大器に大きな動きを封じる「ノーステップ」打法をアドバイス、これが功を奏し、10年には打率・284（安打131）、本塁打33、打点96で初の本塁打王に輝いている。

話を04年シーズンに戻すと、岡田氏が阪神監督就任1年目にやったのはゲーム終盤を締めくくる勝利の方程式の下地作りだった。ウィリアムスが左腕のサイド、藤川がホップするような快速球、久保田がキャッチャーミットを押し込むような剛球と三者三様の持ち味があり、6回までリードしていれば負けないと言われるまでのリリーフ陣を作りあげた。

ただ、岡田の監督在任中、JFKの真価が発揮されるのは07年、08年の2年間で、この04年のチーム成績は10完投（リーグ2位）、30セーブ（4位）という先発・完投を価値観の上位に置く古典的なチームだった。

JFK以外にも関本賢太郎、濱中治、03年のドラフト1位・鳥谷敬などが、岡田監督によって抜擢されている。

主力と同ポジションの大物アマ選手を獲得する伝統

《プラス材料は昨年秋に鳥谷を獲得し、それまでの弱腰ドラフトを一掃したこと。

プロ入り初本塁打を放つ鳥谷敬（2003年自由獲得枠）。阪神は長年の「弱腰ドラフト」から一転、ドラフトの目玉だった大物内野手の獲得に成功した。

昨年、127試合に出場し、打率・301の好成績を残した藤本敦士と鳥谷は同じショート。しかし、チームの柱に育つ可能性を秘めた選手ならあらゆる障害を取り除いてでも獲得に向かう、というのが強いチームの鉄則である》

有力選手がいるのに同じポジションを守る選手をドラフト上位で指名する、というのが阪神の伝統かもしれない。好捕手の辻恭彦、辻佳紀がいるのに田淵幸一（法政大）を1位で獲得した68年、球界を代表する三塁手、掛布雅之がいるのに岡田彰布（早稲田大）を1位で獲得した79年、打率3割を記録した藤本敦士がいるのに鳥谷敬（早稲田大）を自由獲得枠で獲得した03年、そして、前年に三塁を130試合守った大山悠輔がいるのに佐藤輝明（近畿大）を1位で獲得した20年と歴史は続いていく。

もったいない、それならすぐ使えるピッチャーを獲ったほうが無駄にならないのに、と思うむきもあるが、強い球団はこういう指名をときどきやる。次代の日本代表候補、紅林弘太郎がいるにもかかわらず、高校球界屈指の遊撃手、横山聖哉（上田西高）を1位で獲得した23年のオリックスが好例である。

少なすぎる「生え抜き高校卒」投手

《野手にくらべ若さが目立つ阪神投手陣には勢いがある。年齢的バランスは「ベテラン＝4割、中堅＝5割、若手＝1割」とアンバランスだが、下柳36歳、伊良部35歳を別格にすれば、あとは24歳〜32歳（外国人3人）までの脂の乗った世代を中心に構成されている》

星野監督時代に14勝、20勝している井川慶に引っ張られるように24歳の藤川球児が26試合に登板して2勝を挙げ、2年目の久保田智之が28試合に登板して4勝4セーブを挙げ、ＪＦＫの下地がすでにできあがっているのがわかる。

ただ、井川と藤川以外で一軍戦に登板した生え抜きの高校卒投手が1人もいないのは不気味。94年〜03年の10年間、ドラフトで上位指名した高校卒投手は山村宏樹、井川、藤川など9人しかいないのだから、それもしかたない。ちなみに、前年の03年の日本シリーズで阪神を4勝3敗で打ち負かしたダイエーの陣容（シリーズ出場選手）を見ながら理想的なチーム作りがどういうものなのか、考えてみたい。

【03年阪神の主なスタメン】

（二）今岡　誠（東洋大・1位）
（中）赤星　憲広（JR東日本・4位）
（左）金本　知憲（広島→移籍）
（右）桧山進次郎（東洋大・4位）
（一）アリアス
（指）濱中治（南部高・3位）
（三）片岡　篤史（日本ハム→移籍）
（捕）矢野　輝弘（中日→移籍）
（遊）藤本　敦士（デュプロ・7位）

【03年ダイエーの主なスタメン】

（中）村松　有人（星稜高・6位）
（三）川﨑　宗則（鹿児島工高・4位）
（二）井口　資仁（青山学院大・1位）
（一）松中　信彦（新日鉄君津・2位）
（捕）城島　健司（別府大付高・1位）
（左）バルデス
（指）ズレータ
（右）柴原　洋（九州共立大・3位）
（遊）鳥越　裕介（中日→移籍）

高校卒が濱中1人の阪神に対して、ダイエーは村松、川﨑、城島の3人。ドラフト1位、2位で指名された野手も今岡1人の阪神に対し、ダイエーは井口、松中、城島の3人。投手の高校卒は阪神が井川、ダイエーが斉藤和巳で互角だが、ドラフト1位、

2位は阪神の井川、安藤優也、金澤健人、吉野誠に対し、ダイエーは斉藤、和田毅、篠原貴行、杉内俊哉、新垣渚で質量とも上回っている。どこを見てもダイエーの指名のほうが冒険心があることがわかる。

2004年　ドラフト指名選手

順位	選手名	守備	所属
自由枠	能見篤史	投手	大阪ガス
自由枠	岡﨑太一	捕手	松下電器
4巡目	橋本健太郎	投手	日本新薬
5巡目	大橋雅法	捕手	北陽高
6巡目	赤松真人	外野手	立命館大
7巡目	高橋勇丞	外野手	済美高
8巡目	辻本賢人	投手	マタデー高
9巡目	玉置隆	投手	市立和歌山商
10巡目	水落暢明	投手	信太高

2005年版の指摘

阪神フロントの問題点とは?

監督＝岡田彰布

球界再編騒動の余波

岡田彰布監督の2年目で、球界には前年から続く未曾有の「球界再編騒動」が勃発していた。現行の2リーグ12球団制から1リーグ8～10球団制への移行を渡邉恒雄・巨人オーナー（当時）が強く訴えていた。2リーグから1リーグ、12球団から8～10球団への移行は間違いなく球界の縮小を意味していた。

野茂英雄（当時近鉄）が95年に果たした強引なドジャース移籍以来、日本球界の超一流はFA権を取得すれば（それ以前でも球団が了解すればポスティングシステムで）、伊良部秀輝（ロッテ→97年ヤンキース）、佐々木主浩《かづひろ》（横浜→00年マリナーズ）、イチロー（オリックス→01年マリナーズ）のようにメジャーリーグの球団を選ぶのが一般的になっていた。それまでは国内球団に移籍するのが普通で、パ・リーグからセ・リーグ、それも人気と資本力の高い巨人に入るケースが多かった。

徐々に築かれるメジャーリーグに支配される構造、NPBがメジャーリーグのファームになることを憂えた渡邉が資金力のある8～10社とタッグを組んでメジャーリーグに対抗しようと目論んだわけだが、今になってみれば日本球界で影響力を弱めていた巨人の「支配構造を強めるためのパフォーマンス」だったことがわかる。それでも1リーグ制への移行は寸前まで迫り、それを阻止したのが阪神球団の野崎勝義社長（当時）だった。

「1リーグ制への移行は性急すぎる。1年かけて検討するべき」

と野崎が言ったのは、オリックスと近鉄の合併が発表されてからちょうど1カ月後の04年7月13日だった。1リーグ制への再編が巨人の根回しで同意されようとしていた時期なので、巨人側には痛恨のカウンターパンチになった。

3日後の7月16日には広島に赴き、広島、中日の首脳陣と会談、23日には東京に赴き、ヤクルト、横浜、巨人の首脳陣と会談、このとき巨人の土井誠球団社長（当時）から「反巨人同盟のようなものを作って物事を進めていくやり方は許せない」と叱責されるが、柳に風の身ごなしの野﨑は難なくこれをやりすごした。球界は１リーグ縮小の大波を逃れ、２０２３年にはＷＢＣ決勝で前回優勝のアメリカを３対２で破り、日本国中が野球人気で沸いた。

進まない野手の世代交代

《阪神の球界での地位はぐんと高くなったが、問題はそれに見合った成績を挙げていないということ。野﨑が「阪神のフロントの問題は、スカウトなどの編成能力」と語っている通り（04年12月27付けの日刊スポーツの「阪神フロントの問題点」という設問に対し、「スカウトなどの編成能力」と答えている）、目先のことしか考えていない新人補強は考えもの。ＦＡなどを活用したトレード戦略が盛んなのだからドラフトではもう少し高校生を多く指名しないと年寄りばかりになってしまう。否、もうすっかり〝オヤジ軍団〟になっている》

この問題に対し、岡田監督は頑張った。２年目の鳥谷敬が１５９安打を放って主軸に定着し、その他の若手では関本賢太郎が97試合、濱中治が78試合に出場し、レギュラー手前まで迫っていた。

しかし、それらを吹き飛ばしてしまったのが、移籍2年目を迎えた金本知憲の活躍だった。打率・285、安打2539、本塁打476、打点1521という通算記録を見れば、最大の特徴は強打と勝負強さだとわかるが、もう一つ見逃せないのが盗塁167という俊足である。広島時代の00年には30盗塁も記録し、その俊足がもたらした1002打席連続打席無併殺打はいまだにプロ野球記録として燦然《さんぜん》と輝いている。07年に自身のヒットでホームに生還できなかった鳥谷敬に対して「集中力がない」と叱咤したのは全力疾走をチームカラーにする広島出身の金本にしてみれば当然のことだった。

JFKの奮闘

05年最大の阪神のセールスポイントは3人のリリーフ投手、ジェフ・ウィリアムス、藤川球児、久保田智之による勝利の方程式「JFK」だろう。

ウィリアムス　75試合、3勝3敗40ホールドポイント、防御率2・11
藤川球児　80試合、7勝1敗1セーブ53ホールドポイント、防御率1・36
久保田智之　68試合、5勝4敗27セーブ8ホールドポイント、防御率2・12

防御率はウィリアムスと久保田の２点台はそこまで誉められないが、藤川の92・1イニングス投げて奪三振139（奪三振率13・55）、与四球20（与四球率1・95）という記録からは、相手打者の絶望感のようなものが伝わってくる。

この年は先発陣も充実していた。07年にヤンキースに移籍する井川慶が13勝9敗、下柳剛が15勝3敗、安藤優也が11勝5敗、と2ケタ勝利を挙げる先発が3人揃い、下柳は史上初となる規定投球回に満たない132・1回での最多勝だった。これを見てもいかにリリーフ陣が強力だったかわかる。

この年の阪神と似ているのが14年にリーグ優勝した巨人だ。スコット・マシソン、山口鉄也、西村健太朗で組む終盤の勝利の方程式は「スコット鉄太朗」の愛称で呼ばれ、他球団の脅威になった。打線は移籍組の村田修一、片岡治大がレギュラーに名をつらね、いつもは分が悪い交流戦でもソフトバンクに1ゲーム差をつけて優勝、ペナントレースは阪神に7ゲーム差をつけてリーグ3連覇（クライマックスシリーズで中日に敗れ日本シリーズには出場していないが）、まさに05年の阪神とよく似たチーム状況にあった。

巨人は19年、20年にもリーグ優勝しているが、ここ数年は優勝に手が届かず、22年、23年はBクラスに低迷している。05年の阪神が9年後の巨人に似ているのは、チーム状況がいいにもかかわらず。ドラフトで将来に向けた投資をしていない点だ。

折しもこの05年は分離ドラフト元年である。07年まで続いた高校生ドラフトでは9人の高校生を指名したが成功選手に達したのは前田大和（現在、DeNAに所属する大和）1人。田中将大（楽天）、前田健太（広島）、中田翔（日本ハム）など超高校級の高校生が多かったことを考えれば、23年までの18年間、優勝から遠ざかった理由がわかる気がする。

雌伏の時を過ごしたのちJFKの一角として頭角をあらわし、05年シーズン以降、圧倒的な成績を残した藤川球児（1998年ドラフト1位）。

2005年　ドラフト指名選手

順位	選手名	守備	所属
◇大学生・社会人			
希望枠	岩田稔	投手	関西大
3巡目	金村大裕	投手	大阪商業大
4巡目	渡辺亮	投手	日本生命
◇高校生			
1巡目	鶴直人	投手	近畿大学附属高
3巡目	若竹竜士	投手	育英高
4巡目	前田大和	内野手	樟南高

2006年版の指摘

岐路となった分離ドラフト

監督＝岡田彰布

広がるセ・パの戦力差

06年を振り返る前に、この年の前年、05年の日本シリーズの話をしたい。

第1戦は7回裏にロッテが5点入れて10対1になった時点で試合の続行が困難なくらい千葉マリンスタジアムが濃霧で覆われたためコールドゲームでロッテの勝利。日本シリーズの舞台で濃霧がコールドゲームの原因になったのは史上初である。

第2戦は1回、2回にロッテが1点ずつ入れ、中盤の6回に5点、さらに終盤の8回に3点を加え、投げてはアンダースローの渡辺俊介が4安打、四死球なしの完封で連勝した。ちなみに、今江敏晃は1戦、2戦とも4打数4安打を放ち、8打席連続安打のシリーズ記録を樹立する。

第3戦は中盤までロッテが3対1でリードする接戦になったが、7回表に福浦和也が桟原《さじきはら》将司から満塁ホームランを放つなど大量7点を加え10対1で大勝。阪神は1対3でリードされた6回表に藤川を投入するが、勝利の方程式の一員としてはあり得ない起用法をされたためか4失点で降板した。

第4戦は3点リードされた阪神が6回裏に今岡誠、桧山進次郎がタイムリーを放ち2対3まで迫る。阪神はこのシリーズ、初のJFKを投入して後半を無失点に抑えるが、ロッテも勝利の方程式、藤田宗一、薮田安彦、小林雅英を繰り出して7回以降をピシャリと抑え、負けなしの4連勝を飾る。両チームの総得点「33－4」がこのシリーズのキーワードのように今も語り継がれている。

あえて05年の日本シリーズを紹介したのは、この頃からパ・リーグが日本シリーズで勝ち越すことが多くなったからだ。また、この05年からセ・リーグとパ・リーグの交流戦がスタートし、18年間の勝敗（勝ち越しを1勝、20年は新型コロナウイルスのため中止）はパ・リーグが15勝3敗と圧倒し、日本シリーズも14勝5敗と圧倒している。

この「パ高セ低」現象の一因に挙げたいのが05年から始まった3年間の分離ドラフトの結果。とくに高校生ドラフトである。

セ・リーグの低迷は高校生ドラフトの失敗から始まっている

《阪神ファンは03年のシーズン後、「これであと20年は優勝せえへん」と自虐的に喜びを表現した。ところが05年にも優勝したから3年間で2回優勝したことになる。この安定した強さは認めないわけにはいかない。このチームの課題は本書で何年も前から言い続けているように「年齢」である。ベテランが非常に多いので、理想的な新旧交代はほぼ絶望》

高校生ドラフトでセの各球団、パの各球団がどういう選手を何巡目で指名して獲得したのか以下に紹介する。パ高セ低現象が引き起こされた背景が、これから紹介する選手名（成功選手）からあぶり出されてくると思う。

05年＝陽岱鋼（福岡第一高→日本ハム1巡目・内野手）、T－岡田（履正社高→オリックス1巡目）、炭谷銀仁朗（平安高→西武1巡目・捕手）、銀次（盛岡中央高→楽天3巡目・捕手）／山口俊

（柳ヶ浦高→横浜1巡目・投手）、平田良介（大阪桐蔭高→中日1巡目・外野手）、川端慎吾（市和歌山商高→ヤクルト3巡目・内野手）、大和（樟南高→阪神4巡目・内野手）

06年＝田中将大（駒大苫小牧高→楽天1巡目・投手）／吉川光夫（広陵高→日本ハム1巡目・投手）／坂本勇人（光星学院高→巨人1巡目・内野手）、前田健太（PL学園高→広島1巡目・投手）、會澤翼（水戸短大付高→広島3巡目・捕手）、梶谷隆幸（開星高→横浜3巡目・内野手）、堂上直倫（愛工大名電高→中日1巡目・内野手）

07年＝唐川侑己（成田高→ロッテ1巡目・投手）、中田翔（大阪桐蔭高→日本ハム1巡目・内野手）、岩嵜翔（市船橋高→ソフトバンク1巡目・投手）、中村晃（帝京高→ソフトバンク3巡目・内野手）、伊藤光（明徳義塾高→オリックス3巡目・捕手）／丸佳浩（千葉経大付高→広島3巡目・外野手）

打率、ホームラン、打点、安打、盗塁のタイトルを獲ったのはセの川端慎吾、坂本勇人、梶谷隆幸、丸佳浩、パの陽岱鋼、T－岡田、中田翔、中村晃、最多勝、最優秀防御率を獲ったのはセの山口俊、前田健太、パの田中将大、吉川光夫……。人数は同じでも、パ・リーグの選手のほうが「圧」が強いのがわかる。大学生&社会人はこの3年間は大物が少なく、吉見一起（トヨタ自動車）→05年中日希望枠・投手）、松田宣浩（亜細亜大→05年ソフトバンク希望枠）が目立つ程度である。

セの低迷を象徴する阪神のドラフト下手

この頃の阪神の課題は4番を打つ金本知憲、キャッチャー矢野輝弘の後継者を探すことだった。矢野の後釜としては、01年自由獲得枠で浅井良、04年の自由獲得枠で岡崎太一を指名して意欲は感じさせるが、金本二世は高校生ドラフトで06年＝野原将志、07年＝高濱卓也をトップ指名するがまったく結果を残せなかった。ドラフト1位が4人並ぶ23年型の攻撃陣を作るのがいかに困難かわかると思うが、この頃はその意欲も足りなかった。

高校生ドラフト（05年〜07年）の3年間で指名した野手は、05年＝4巡目・大和（樟南高）、06年＝1巡目・野原将志（長崎日大高）、3巡目・橋本良平（智弁和歌山高）、07年＝1巡目・高濱卓也（横浜高）、3巡目・森田一成（関西高）の5人。彼らが放った安打数は大和937、野原3、橋本0、高濱84（阪神では一軍出場なし）、森田17……。高校生の野手を指名する習慣がないので嗅覚が劣っていたとしか言いようがない惨状である。

ちなみに、逆指名になった93年から分離ドラフトになる前年の04年まで、阪神が1位で高校生の野手を指名したのは中谷仁（智弁和歌山高→97年1位）だけで、2位は平尾博司（大宮東高→93年）、関本賢太郎（天理高→96年）の2人だけ。準備運動を何もしていない状態で臨んで好結果が出るわけがない。

2006年　ドラフト指名選手

順位	選手名	守備	所属
◇大学生・社会人			
希望枠	小嶋達也	投手	大阪ガス
3巡目	上園啓史	投手	武蔵大
4巡目	清水誉	捕手	関西学院大
5巡目	大城祐二	内野手	TDK千曲川
◇高校生			
1巡目	野原将志	内野手	長崎日本大学高
3巡目	橋本良平	捕手	智辯学園和歌山高
4巡目	横山龍之介	投手	日本文理高

2007年版の指摘

ドラフトとファームを軽視してはいけない

監督＝岡田彰布

「育成＋抜擢」のサイクルが喪失

《ドラフトで選手を獲得して、その選手を一軍や二軍で育て上げ、戦力にしていくというのが正常なプロセス。しかし、阪神は今やプロ野球ナンバーワンの人気チーム。手間のかかるファームでの育成は広島やパ・リーグの下位球団にまかせて、ＦＡ権を取得した時点で獲得に向かう、どうもそんな気配が濃厚なのだ。

今後は国内移籍よりメジャー移籍のほうが主流になる。国内移籍でも阪神より巨人のほうが資金力はあるし、選手の「東京に行きたい」という思いも強いから、競争になれば勝ち目は薄い。つまり、ドラフトとファームにもっと真剣な目を向

けないと阪神はいずれ、立ち行かなくなるという結論に導かれるのだ》

この文章は井川慶のポスティングシステムを活用したヤンキースへの移籍を受けて書かれたもので、この頃、井川の抜けた穴を埋める候補としてたびたび話題になったのがＦＡ権を取得したばかりの黒田博樹（広島）だった。大阪市住之江区出身で阪神ファンという情報が流れ、阪神ファンもフロントも大喜びしたと思うが、黒田は「このチーム（広島）で優勝したい」と残留を表明した。

こういう流れを振り返ると、やっぱり阪神が23年まで優勝から遠ざかったのはしかたがないと思う。たとえば、23年のオリックスは主砲の吉田正尚（レッドソックス）が移籍してもＦＡ権を取得した森友哉を獲得してリーグ３連覇を果たし、オフには主力投手の山本由伸と山﨑福也がポスティングシステムとＦＡ権を行使してチームを離れても、07年の阪神のように悲観的になっていない。

高校卒の大器、宮城大弥、山下舜平大をドラフト１位で指名したあとファームできちんと技術力を育成し、なおかつファームに長く塩漬けせず、旬を見逃さずに一軍に上げてチャンスを与えるという好循環で戦力にしている。かつての日本ハムがダルビッシュ有や大谷翔平を一軍の戦力にした「育成メソッド」を現在はオリックスが率先して取り入れているのである。

井川慶のメジャー流出で投手陣が弱体化

《投手陣も大変である。井川の流出で弱体化は必至。首脳陣はポスト井川を、同じ左腕の江草仁貴、能見篤史、中村泰広あたりから探し出そうともくろむが、実績らしいものがあるのは江草だけ。では若いのかというと江草27歳、能見28歳、中村29歳だから。ベテランに近い。阪神のドラフトは徹底した即戦力志向だから、プロとしての年数が短いわりに実年齢は高い、という選手が多い》

実際のシーズンはどうだったかというと、チーム成績は1位が巨人、2位は1・5ゲーム差で中日（CSを勝ち上がり、日本シリーズに進出。日本ハムを破って日本一）が続き、それに次ぐ勝率・529で3位だった。投手陣は下柳剛が2ケタ勝利を挙げて10勝8敗、以下、先発転向も囁かれた久保田智之が90試合に登板して9勝3敗（55ホールドポイント、90試合登板はプロ野球記録）、新人の上園啓史（新人王）が8勝5敗と頑張った。

上園が活躍しているのでドラフト巧者と短絡する人がいそうだが、大学生&社会人ドラフト３巡目だから、大きな期待を背負っていたわけではない。上園の頑張りは上園の功績であってスカウティングの功績ではない。

このときの大学&社会人ドラフトの希望枠は小嶋達也（遊学館高→大阪ガス）という左腕。通算８年在籍して４勝９敗５ホールド、防御率５・33という記録が残っている。なぜ小嶋の出身高校を紹介したかというと、高校２年夏の甲子園大会でチームを準々決勝に導く活躍をしていたからだ。このとき私は小嶋について何かの媒体に「右腕、左腕にかかわらず高校ナンバーワン」と書いた。

小嶋は３年春のセンバツ大会にも出場、３回戦まで進んでいる。当然、ドラフト１位で指名されるものと思っていたが、３年後の自由獲得枠（05年、06年は「希望枠」）を求めて社会人野球の名門、大阪ガスに入社した（このときのプロ野球は大学生と社会人に限り、１球団２人まで選手が志望する球団を選べる「自由獲得枠制度」で行なわれていた）。

当然、私は小嶋の成長を見たいから社会人野球の大会に足を運ぶのだが、なかなか出場しない。ようやく見ることができたのは06年11月23日の日本選手権、新日本石油（現ＥＮＥＯＳ）戦の９回表１死二塁の場面。この２日前の社会人&大学生ドラフトの希望枠で阪神の指名を受けているが、ストレートの最速は１４２キロで投球フォームもあまりよくなかった。

新日本石油も評判の田澤純一（横浜商大高→新日本石油→レッドソックスなど）が9回にリリーフしているが、こちらのストレートの最速は150キロで、力感もスライダーのキレも小嶋よりよかった。

《大阪ガスにしてみれば阪神からの〝預かりもの〟だから、大成させるより「壊さないように」という意識のほうが強かったのだろう》

とは07年版の『プロ野球 問題だらけの12球団』に書いた一節である。3巡目の上園が新人王を獲っているのとくらべると、プロ野球はやはり牙を抜かれてはいけないということである。

社会人の大阪ガスに進むときには「3年後のドラフトでは希望枠でウチが獲るから」くらいの口約束はできていたと思う。当時は希望枠で契約する選手の契約金・上限1億円（出来高5000万円）も守られていた様子がないので、アマチュアの身分でも小嶋は経済的には何ら将来に不安がなかったことは想像にかたくない。満腹状態ではハングリー精神旺盛なライバルには勝てないのは当然である。

2007年　ドラフト指名選手

順位	選手名	守備	所属
◇大学生・社会人			
1巡目	白仁田寛和	投手	福岡大
3巡目	石川俊介	投手	上武大
4巡目	黒田祐輔	投手	シャンソン化粧品
◇高校生			
1巡目	高濱卓也	内野手	横浜高
3巡目	森田一成	内野手	関西高
4巡目	清原大貴	投手	常総学院高
◇育成			
1巡目	田中慎太朗	内野手	立正大

2008年版の指摘

「急場しのぎ」の代償

監督＝岡田彰布

なぜ高校生を上位指名すべきなのか

《たとえは悪いが、今の阪神は手形のやりとりで急場をしのぐ中小企業のようである。３人（08年の移籍組、新井貴浩［広島］、平野恵一［オリックス］、金村曉［日本ハム］）は活躍するだろうが賞味期限はすぐにくる。そのとき再び他球団のＦＡ権取得選手をターゲットにするのだが、日本人選手の目は国内よりアメリカに向いている。また、国内には阪神より資金力のある巨人がつねにＦＡ権取得選手に狙いを定めているから、阪神が現在の地位を確保するためには多大な困難をともなう、という理屈は誰にでもわかる》

どうしたらチームを強化できるのかといえば、手間はかかるがドラフトをうまく運用するしかないのだが、07年にNPBはドラフトのやり方を変えた。近鉄の球団消滅、新球団・楽天の参画に端を発したプロ野球再編騒動によって、特定の球団に有利に働く不平等な制度を見直した結果、一部の社会人と大学生が希望する球団を選べる希望枠が姿を消した。

逆指名制度から自由獲得枠、希望枠と名を変えたこの制度を阪神は多く利用してきた。同制度下の93年から06年までの14年間、阪神が獲得した社会人&大学生の有力選手は19人に達し、私が設定した成功基準に達しているのは次の10人。

◇藪恵壹（朝日生命→93年1位・投手）、北川博敏（日本大→94年2位・捕手）、今岡誠（東洋大→96年1位・内野手）、金澤健人（NTT関東→98年2位・投手）、吉野誠（日本大→99年2位・投手）、安藤優也（トヨタ自動車→01年自由獲得枠・投手）、江草仁貴（専修大→02年自由獲得枠・投手）、鳥谷敬（早稲田大→03年自由獲得枠・内野手）、能見篤史（大阪ガス→04年自由獲得枠・投手）、岩田稔（関西大→05年希望枠・投手）

成功率50パーセントは上々だが、主力と言えるのは藪、今岡、安藤、鳥谷、能見の5人。主力の成功率25パーセントは決して高くない。この時期の高校生の上位指名も紹介しよう。

◇平尾博司（大宮東高→93年2位・内野手）、山村宏樹（甲府工高→94年1位・投手）、関本賢太郎（天理高→96年2位・内野手）、中谷仁（智弁和歌山高→97年1位・捕手）、井川慶（水戸商高→97年2位・投手）、藤川球児（高知商高→98年1位・投手）、鶴直人（近大付高→05年高校生ドラフト1巡目・投手）、野原将志（長崎日大高→06年高校生ドラフト1巡目・内野手）

戦力にならなかったのは中谷、鶴、野原の3人。成績は社会人&大学生ドラフトに劣るが、平尾、山村はある時期、確実にチームの戦力になっていたし、井川と藤川の2人は超一級の戦力である。そう考えると、阪神はどうして高校生の上位指名を手控えるのか不思議に思えてくる。ドラフト草創期には藤田平（市和歌山商高→65年2位・内野手）、江夏豊（大阪学院高→66年1位・投手）、掛布雅之（習志野高→73年6位・内野手）という歴史に残る高校卒の名選手を輩出しているのだ。

歴史的な「Ｖ逸劇」を演じて監督交代へ

08年シーズンの阪神は、７月22日に優勝マジックが点灯する開幕ダッシュを見せるが、北京五輪に出場するため矢野輝弘、新井貴浩、藤川球児がチームを離れると、成績は急降下。７月９日には２位チームに最大13ゲーム差をつけ独走状態だったが最終的には巨人に２ゲーム差をつけられ逆転優勝を許し、ＣＳでも３位中日に１勝２敗で負け越してシーズンを終えた。このＶ逸がなければ岡田彰布監督は長期政権に入っていたと思うが、シーズン後に監督辞任を発表。後任には真弓明信が就くことになった。

07年に片岡篤史が引退し、井川慶がポスティングシステムを活用してヤンキースに移籍、翌08年にはシーツが引退、吉野誠、濱中治が阿部健太、平野恵一とのトレードでオリックスに移籍、赤松真人はＦＡ権を行使して阪神に移籍した新井貴浩の人的補償で広島に移籍、さらに赤星憲広が翌09年限りで引退し、今岡誠は10年にロッテへ移籍という慌ただしさだ。新陳代謝の波が押し寄せている大変な時期に、真弓新監督は指導者としては00年〜04年に近鉄で打撃コーチ、ヘッドコーチを務めただけだった。

この時期は阪神だけでなく、プロ野球界全体に変革の波が押し寄せていた。

◇04年＝アマチュア選手への裏金授受が発覚し、渡邉恒雄・巨人オーナー、久万《くま》俊二《しゅんじ》郎《ろう》・阪神オーナー、砂原幸雄・横浜オーナーが辞任

◇05年＝近鉄が消滅（オリックスと合併）／近鉄と入れ替わるように楽天がプロ野球に参画／ダイエーがソフトバンクに身売り／観客動員数が実数発表になる／セ・パ交流戦がスタートする／高校生と社会人＆大学生を別々に指名する分離ドラフトがスタートする（07年まで続き、08年からは高校生と社会人＆大学生を同時に指名する統一ドラフトに）

◇07年＝ドラフトで希望枠が廃止

こういう変革期の監督として真弓はあまりにもキャリアが浅かった。そして、真弓新監督の門出を祝うドラフトで指名されたのは、1位・蕭一傑（奈良産業大・投手）、2位・柴田講平（国際武道大・外野手）、3位・上本博紀（早稲田大・内野手）、4位・西村憲（九州産業大・投手）だった。上本は実働11年で522安打を放ち、成功基準を満たすが、優勝争いを常態化させる顔ぶれというには迫力に欠ける。

最大 13 ゲーム差をつけて首位を独走するも、シーズン終盤、巨人にまさかの逆転劇を許し、5 年間の第 1 次岡田彰布監督時代は幕を閉じた。

2008年　ドラフト指名選手

順位	選手名	守備	所属
1位	蕭一傑	投手	奈良産業大
2位	柴田講平	外野手	国際武道大
3位	上本博紀	内野手	早稲田大
4位	西村憲	投手	九州産業大

◇育成

1位	野原祐也	外野手	富山サンダーバーズ
2位	吉岡興志	投手	常磐大
3位	藤井宏政	内野手	加古川北高

2009年版の指摘

失われたチーム像

監督＝真弓明信［09年4位、10年2位、11年4位］

「ガス欠」を招いたビジョンなき編成

《ガス欠（08年の逆転優勝を許した要因）の原因を一つだけ挙げろと言われれば、躊躇なくドラフトを含めた戦力補強が間違っていたと言うだろう。98年以降のドラフト上位指名は、投手15人に対して野手は７人。また高校生４人に対し、大学生＆社会人は18人と徹底したアンバランスかつ安全な（と思われた）指名を続けてきた。高校生の上位指名４人は、12球団を見渡しても04年からドラフトに参加した楽天と同じ数で、高校生を「注目しない、獲らない、育てない」で有名なオリックスの５人より１人少ない。つまり98年１位の藤川以外の高校生は、分離ド

ラフト（05年～07年）制度下の高校生ドラフトで獲った3人しかいないということである》

こういうドラフトをやってきた結果、09年のスタメンは次のようになった。

(中)赤星憲広
(二)平野恵一
(遊)鳥谷　敬
(左)金本知憲
(三)新井貴浩
(一)ブラゼル
(右)桜井広大
(捕)狩野恵輔
(投)――

移籍組が平野、金本、新井、ブラゼル、ドラフト組は鳥谷が自由獲得枠、狩野が3

位、桜井が4巡目、赤星が4位だから、構想どおりにできあがったチームというより、偶然こういうチームができましたと言ったほうがいい。

「育成する時間はない」という言い訳

ここで、チーム全体で放った本塁打数の推移を見ていこう。03年に広島から阪神に移籍した金本知憲が派手にホームランを量産し、今岡誠やアリアス、ブラゼルなどの外国人も毎年20本以上のホームランを打っているので、チーム全体でもリーグトップクラスのホームランを記録しているのかと思っていた（マル内数字はリーグ順位）。

年度	打率	本塁打	盗塁	犠打	四球	三振
05年	.274③	140④	78②	85④	523②	1079①
06年	.267③	133④	52⑤	103③	433②	1043②
07年	.255⑥	111⑥	46⑤	130④	428②	1047②
08年	.268②	83⑤	62④	156②	462①	974③

09年	.255④	106⑤	79④	131②	393②	903⑥

01年のチーム本塁打数はリーグ最低の90本、このままでは87年から続く暗黒時代から抜け出すことができないと思ったのか、中日の監督を務めていた星野仙一に白羽の矢を立て、監督に招くのだが、02年がリーグ5位の122本、03年が同5位の141本、岡田彰布監督に代わった04年が同5位の142本とすぐに結果は出てこない。

別表のように金本がいようが今岡がいようがリーグでも4位以下の本数しか残せない。いよいよとなれば他球団の主力選手をまたトレードで獲得すればいい、というのが編成のトップを預かる者の本音だろう。ドラフトで獲って育成するまでに何年かかるんだ、タイガースは巨人に次ぐ人気球団で、ファンは優勝を争う姿を見たいからお金を払って甲子園球場に足を運ぶんだ、という言い分を実際に球団関係者から聞いたことがある。

逆指名、自由獲得枠、希望枠があった06年までの大学生&社会人はしかたないが、高校生は戦略とクジ運があれば誰でも獲れた。高校生ドラフトでは、06年に堂上直倫（愛工大名電高）、07年に中田翔（大阪桐蔭高）を1位で入札するが抽選で負けているので、強打不足という問題意識はあったと思う。

思想が感じられないドラフト指名

強打不足がチームの課題だが、この年1位で入札したのは左腕の菊池雄星（花巻東高）。西武、阪神、ヤクルト、楽天、中日、日本ハムが競合し、西武が当たりクジを引いた。

他球団ではこの年最下位の横浜が超高校級スラッガーの筒香嘉智（横浜高・外野手）を単独で1位入札したのが目を引いた。09年の横浜のチーム防御率4・36はセ・リーグで唯一の4点台。12球団を見渡しても横浜より悪いのは4・58のオリックスしかいない。半面、チーム本塁打数128本は巨人、中日についでリーグ3位。補強ポイントは誰が見ても投手のように見えるが、横浜は筒香を1位で単独指名した、こういう指名を、5年先を見越した勇気ある戦略と評価したい。

阪神は好投手タイプの二神一人（法政大）を外れ1位で獲得し、2位は左腕の好投手タイプ、藤原正典（立命館大）。この頃の阪神の指名からは本当に思想が感じられない。

2009年　ドラフト指名選手

順位	選手名	守備	所属
1位	二神一人	投手	法政大
2位	藤原正典	投手	立命館大
3位	甲斐雄平	外野手	福岡大
4位	秋山拓巳	投手	西条高
5位	藤川俊介	外野手	近畿大
6位	原口文仁	捕手	帝京高

◇育成

1位	高田周平	投手	信濃グランセローズ
2位	田上健一	外野手	創価大

2010年版の指摘

「外人部隊」の役割とは？

監督＝真弓明信

生え抜き選手はスタメンに2人だけ

《テレビのバラエティ番組で子役の加藤清史郎が阪神ファン、とりわけ赤星憲広が好きだということで共演しているのを見た。緊張した面持ちの加藤がおそるおそる「赤星さんのポジションは誰が継ぐんですか」と質問すると、赤星は「僕が辞めることを発表した翌日に新外国人（マートン）の獲得を発表する、それだけで駄目ですよね」という意味合いのことを話し、加藤の顔面を蒼白にさせた》

結果から言うと、この２０１０年、阪神は優勝した中日に１ゲーム差の２位につけている。チーム打撃成績は打率・290（リーグ1位）、本塁打173（同2位）、盗塁71（同3位）、犠打110（同5位）、四球384（同6位）、三振965（同4位）と、それまでとは一変して強打のチームになっている。

08年まで指揮をとった岡田彰布監督は一発よりも、四球で歩いた走者をバントで進塁させ、今岡誠、金本知憲、新井貴浩、シーツなどの中軸で得点するスモールベースボールに特徴があった。それが真弓明信監督の2年目になると、岡田監督時代にくらべ打率が高くなり、ホームランは90本増えた。メジャー帰りの城島健司、新外国人のマートンが加わったからだ。この年のスターティングメンバーを次に紹介する。

(中)マートン
(二)平野恵一
(遊)鳥谷　敬
(左)金本知憲
(三)新井貴浩
(捕)城島健司
(一)ブラゼル

（右）桜井広大
（投）――――

８人中、生え抜きの日本人は鳥谷、桜井の２人だけ。移籍組が多かった90年〜00年代の巨人も落合博満、広澤克己、清原和博、江藤智、ペタジーニ、小久保裕紀、ローズ、李承燁《イスンヨプ》、小笠原道大、ラミレス、谷佳知らが入れ代わり立ち代わり打線の中軸を占め、阪神以上に外人部隊の印象が強いが、つねに松井秀喜、高橋由伸、仁志敏久、清水隆行、二岡智宏、阿部慎之助たち日本人の生え抜きがスタメンに４〜５人以上いた。第２期原監督時代の07年、移籍組が谷、小笠原、李、ホリンズ、木村拓也、生え抜き組が高橋由、二岡、阿部という時代があったが、翌08年には生え抜き４人、移籍４人になっている。

投手陣も先発の久保康友、下柳剛、スタンリッジが移籍組で、メッセンジャーは外国人という移籍組中心の布陣だ。「外人部隊」の力を借りて戦力に余裕が生まれたら将来に備えたチーム作りをするのが強豪と言われる球団のやり方。

たとえば、10年のパ・リーグの優勝チーム、ソフトバンク（ＣＳでロッテに敗退）は11年、14年、15年、17年〜20年に日本一チーム（18年、19年は２位から勝ち上がる）になっているが、チーム力に余裕があるこの10年のドラフトでは2位の柳田悠岐（広島経済大・外野手）以外の4人は高校生だった。

残念ながら4人は成功選手の基準に達していないが、育成ドラフトでは4位〜6位で千賀滉大（蒲郡高・投手）、牧原大成（城北高・内野手）、甲斐拓也（楊志館高・捕手）という第一級の成功選手を輩出している。勇気ある指名を敢行した編成部に野球の神様がプレゼントをくれたのだろう。

3年連続で「即戦力投手」を1位指名

ひるがえって10年の阪神のドラフトを振り返ってみよう。1位は6球団が1位に入札した大石達也（早稲田大・投手）。この抽選に敗れて外れ1位で榎田大樹（東京ガス・投手）を指名。これで統一ドラフトになった08年以降、蕭一傑、二神一人に次いで3年連続、大学生＆社会人の投手が1位で指名されている。

3年のスパンなら珍しくなさそうだが、08年〜10年に大学生＆社会人の投手だけを指名した球団は他では楽天だけである。楽天は06年の高校生ドラフトで田中将大（駒大苫小牧高・投手）という大物を獲っているので13年の日本一につなげることができたが、外人部隊の阪神はそういうわけにいかない。

２位以下では、２位・一二三慎太（東海大相模高・投手）、３位・中谷将大（福岡工大城東高・捕手）、４位・岩本輝（南陽工高・投手）と高校生主体の指名をしたが（５位は明治大・内野手の荒木郁也）、誰も大きな足跡を残せなかった。他球団には前出の柳田、千賀、牧原、甲斐をはじめ西川遥輝（智弁和歌山高→日本ハム２位・外野手）、即戦力組でも牧田和久（日本通運→西武２位・投手）、秋山翔吾（八戸大→西武３位・外野手）がいたが、結果論でならどうとでも言える。彼らが阪神に入団したとしても同じような成績を残せたのか、という育成に対する疑問が私にはある。

ちなみに、育成ドラフトでは２位で島本浩也（福知山成美高・投手）を獲得。23年の４勝２敗15ホールド、防御率１・69は称賛されていい。

2010年　ドラフト指名選手

順位	選手名	守備	所属
1位	榎田大樹	投手	東京ガス
2位	一二三慎太	投手	東海大付属相模高
3位	中谷将大	捕手	福岡工大附属城東高
4位	岩本輝	投手	南陽工業高
5位	荒木郁也	内野手	明治大

◇育成

1位	阪口哲也	内野手	市立和歌山高
2位	島本浩也	投手	福知山成美高
3位	穴田真規	内野手	箕面東高

2011年版の指摘

俎上にのぼった「編成の問題」

監督＝真弓明信

坂井信也オーナーの叱責

《「巨人が数年前にドラフトで高校生ばかりを指名した。当時は批判されたでしょうが、今それが生きている。広島にしてもヤクルトにしてもそう。以前は阪神がお手本だったのでしょうが〝古い教科書〟になっているのかもしれない」

これは09年、下位低迷にしびれをきらした坂井信也オーナーの発言である。こういう球団上層部の発言がチームの変革には必要になってくる》

この坂井オーナーの発言で気になるのが「巨人が数年前にドラフトで高校生ばかり

を指名した」という部分と「以前は阪神がお手本だったのでしょうが」という2カ所。巨人が高校生を中心に指名して成果を挙げたのは81年、82年までさかのぼるし、阪神がドラフトで他球団のお手本になったのは藤田平、江夏豊を上位で獲ったドラフト草創期しか思い浮かばない。

この坂井オーナーの頓珍漢な発言を読むと、編成担当が正確な情報をオーナーに伝えていなかったのではないのか、と思えてくる。

「責任がないとは言わないが、真弓監督だけの責任じゃない。チームの編成の仕方も甘かった。若手が台頭しない。レギュラー陣の高齢化など数年来のツケが来ている」

これも前の発言と同様。デイリースポーツ紙に掲載された坂井オーナーの発言で、内容はしごく的を射ている。23年の日本一までここから10年以上待たなければいけないが、このあたりから阪神は球団運営、というかチーム作りに本腰が入ったように思える。

「統一球」の登場で化けの皮が剝がれる

この11年、12年に限定すれば大きなトピックに「統一球」の導入があった。統一球採用前の10年と、統一球見直しの13年まで広げて阪神の打撃成績を見ていこう（マル内数字はリーグ順位）。

	打率	本塁打	盗塁	犠打	四球	三振	
10年	.290①	173②	71③	110⑤	384⑥	965④	真弓明信監督
11年	.255①	80④	62③	118⑥	336④	884④	真弓明信監督
12年	.236④	58⑥	65③	115⑥	415④	957①	和田豊監督
13年	.255③	82⑥	81③	112④	489②	933④	〃

統一球の導入については加藤良三コミッショナー（当時）が「2009年のワールド・ベースボール・クラシック（WBC）などで選手、関係者が国際試合で日本のボ

ールとのさまざまな違いに戸惑うケースがあることを目の当たりにいたしました」と語っているように、国際試合を念頭に置いて導入された。

そもそも、10年までは使用するボールが球団によって異なるという大問題があった。ボールごとの反発係数が異なるため、本塁打数に不公平感があったのだ。NPBの下田邦夫事務局長は「契約期間は2年。（その後のことは）1年、2年とやった時点で球団、選手の反応を聞いた上での判断になると思う」と語っている。

11年、12年はミズノ社製の統一球が使われ、プロ野球界全体で本塁打数が激減した。その後、メジャーリーグとの親善試合などで統一球がメジャーリーグのボール以上に飛ばないことが判明。またWBCの使用球とも規格が異なることがわかり、統一球に反発する声が上がり、13年には使用球の反発係数は元に戻ったと思われる。

「飛ぶボール」時代の10年の年間本塁打数は1605本。それに対して13年は1311本だった。11年の939本（前年比41パーセント減）、12年の881本にくらべると、だいぶ元に戻っている。

ただ、13年は他の5球団が3ケタの本数を記録しているのに、阪神は12球団中最下位の82本しか打っていない。統一球が話題になると話題はホームランの激減に移るが、統一球は選手のホームランを打つ技術の差も明らかにしたのではないか。そう思うのは、11年のパ・リーグのホームラン王、中村剛也（西武）が48本のホームランを記録しているからだ。これはロッテのチーム本塁打46本より2本多い。

本塁打を打っているのは移籍選手と外国人

ボールが飛ぶようになった13年（82本＝リーグ6位）、14年（94本＝リーグ5位）、15年（78本＝リーグ5位）、16年（90本＝リーグ5位）も、阪神のチーム本塁打数は2ケタ台に低迷した。

13年～16年にシーズン10本以上のホームランを放った選手は新井貴浩、新井良太、鳥谷敬、マートン、ゴメス、福留孝介、原口文仁の7人いて、このうち移籍組は新井兄弟と福留、外国人はマートンとゴメス。生え抜きの日本人はというと鳥谷と原口が1シーズンだけ2ケタ台を記録しているが、本数は10本、11本にとどまっている。

主力選手の高齢化も目立った。11年に50本以上の安打を記録したのは柴田講平25歳、鳥谷敬、マートン30歳、ブラゼル31歳、平野恵一32歳、関本賢太郎33歳、新井貴浩34歳、藤井彰人35歳、金本知憲43歳の9人いるが、柴田以外の8人は30歳を越えていた。

50安打以上の低いハードルなら、若い選手が数人混じるのが普通である。

阪神から離れて、高校卒野手が新人年にどういう起用法をされてきたのか振り返ってみたい。というのも、この11年のドラフトで日本ハムが2位・松本剛（帝京高）、3位・石川慎吾（東大阪大柏原高）、4位・近藤健介（横浜高）というみごとな指名を行なっているからである。この年の高校生野手の指名は17人。彼らのうちファームで200打席を経験しているのは9人。まず日本ハムでは松本剛414、石川慎吾227、近藤健介200（一軍で30打席）、DeNAでは高城俊人208、桑原将志330、乙坂智244が多く、それ以外では、阪神の西田直斗203、西武の永江恭平280、中日の高橋周平288が目立つ。

この、「高校卒新人のファームで200打席」は、日本ハムが独自のリサーチで探り当てた成功選手の〝キーワード〟である。09年には中島卓也が380、11年には西川遥輝が317、谷口雄也が363だった。06年の陽岱鋼398、07年の中田翔224で自信を得た「200打席＝のちの成功ライン」で、13年には大谷翔平がファームを飛び越え、一軍で204打席を経験したのち世界に羽ばたいている。

最近の阪神に当てはめると、20年には井上広大（履正社高）の280、23年には井坪陽生《ひなせ》（関東一高）の242が注目される。

2011年　ドラフト指名選手

順位	選手名	守備	所属
1位	伊藤隼太	外野手	慶應義塾大
2位	歳内宏明	投手	聖光学院高
3位	西田直斗	内野手	大阪桐蔭高
4位	伊藤和雄	投手	東京国際大
5位	松田遼馬	投手	波佐見高

◇育成

順位	選手名	守備	所属
1位	廣神聖哉	捕手	群馬ダイヤモンドペガサス

2012年版の指摘

「守秘義務」を徹底すべし

監督＝和田豊［12年5位、13年2位、14年2位、15年3位］

「本当は高橋周平を獲りたかった」

監督が和田豊に代わった。前任の真弓明信が西武からの移籍組なので「阪神ひと筋の生え抜き」という経歴は98年の吉田義男監督以来、14年ぶりである。阪神にとっては切り札とも言える和田監督だが、前年秋のドラフトの結果はうれしくなかっただろう。

◇1位・伊藤隼太（慶応大・外野手）、2位・歳内宏明（聖光学院高・投手）、3位・西田直斗（大阪桐蔭高・内野手）、4位・伊藤和雄（東京国際大・投手）、5位・松田遼馬（波佐見高・投手）

ドラフト会議が終わって数日後、「本当は高橋周平（東海大甲府高→中日1位・内野手）を入札する予定だったが、南信男球団社長の母校、慶応大の伊藤隼太を獲れという指令が降りてきたのでしかたなく伊藤に入札した」というスカウトの談話を紹介するネットの記事が出た。ドラフトの前後は真偽不明の記事がたくさん出るので、これもその類だと思っていたが、阪神のスカウトから直接、「本当は高橋周平が欲しかったのに……」と聞かされて驚いた。

こういう話は外に洩れてはいけない。記事を読めば伊藤も南社長も面白くないし、そもそも内部の話がマスコミに筒抜けでは、ドラフト戦略も立てられないし、監督の人事にも神経を使う。阪神によく見られる内輪もめは、この守秘義務の「不徹底」が原因だと思う。

外れ1位で指名するのは「無難な技巧派」タイプ

《ともにクジ運の悪い横浜とくらべると、指名した顔ぶれが正反対だ。横浜の入札した大物が原辰徳（東海大）以外全員投手だったのに対し、阪神は〝超高校級〟と形容されたスラッガー、清原和博（ＰＬ学園高）、松井秀喜（星稜高）、堂上直倫（愛工大名電高）、中田翔（大阪桐蔭高）に立ち向かっている。両球団とも抽選で負けているので、どっちの指名が正しかったのかはっきり言えないが、私は阪神の指名のほうがはるかに健全だと思っている。

それにしても、阪神のクジ運はオリックスに次いでひどい。1位選手の抽選は84年に2球団が競合した嶋田章弘（箕島）を勝ちとったあと、13連敗しているのだ》

抽選で負けたあとの外れ1位は前年の10年まで、遠山奨志、猪俣《いのまた》隆、野田浩司、葛西稔、湯舟敏郎、榎田大樹という投手が並ぶ。私が成功基準にしている「50勝（1セーブ、ホールドは0・5勝）、300試合」に達していないのは猪俣ただ1人。ただファンはドラフト1位の選手には過大な期待を抱くので、同期入団の他球団の1位とくらべて不満に思っただろう。遠山を桑田真澄（巨人・85年1位）と、猪俣を阿波野秀幸（近鉄・86年1位）と、葛西を高校時代に葛西のチームメイトだった佐々木主浩（大洋・89年1位）とくらべて、ため息を洩らしたかもしれない。

《ドラフトで指名する選手に、そもそもこのタイプ（若年寄のような技巧派投手）が多い。今ドラフト（11年ドラフト）の2位・歳内宏明、4位・伊藤和雄は、そういう阪神フロント陣の好みが凝縮されているが、〝阪神基準〟はそろそろ変更する時期にきていると思う。

外れ1位にもう一度話を戻すと、前で阪神の外れ1位の顔ぶれを「思ったほど悪くない」と評価した。しかし、近藤真一→猪俣隆、野茂英雄→葛西稔は、入札した選手とは明らかにタイプが違う。「入札で一瞬の夢は見たが果たされず、すぐ現実に立ち返った」と言わんばかりの現実主義である》

このあとに、近藤の外れ1位は木田優夫（日大明誠高→巨人1位・投手）、野茂の外れ1位は岩本勉（阪南大高→日本ハム2位・投手）でもよかったのでは、と書いた。近藤や野茂のスケールを外れ1位の選手にも求めてほしかったからだ。

33年ぶりの大物、藤浪晋太郎の獲得

この12年のチーム防御率2・65はリーグ3位、12球団中では4位につけている。翌13年も3・07を記録しているが、これはリーグどころか12球団中でも1位である。12年の顔ぶれを紹介する。

【先発】
メッセンジャー
能見篤史
岩田 稔
スタンリッジ
久保康友
安藤優也

【中継ぎ】
福原 忍
榎田大樹
筒井和也
渡辺 亮
加藤康介
鶴 直人

【抑え】
藤川球児

4球団競合のクジを引き当てて獲得に成功、阪神ファンが大きな希望を託した藤浪晋太郎（2012年ドラフト1位）。

抑えの藤川が防御率1・32と相変わらずの守護神ぶりを発揮しているが、岩田30歳、渡辺31歳、メッセンジャー32歳、久保、藤川33歳、能見34歳、スタンリッジ、加藤35歳、安藤36歳、福原37歳という年齢を見ると、さすがに阪神のスカウティング責任者も、未来はどうなるんだ、と叫びたくなったのだろう。

その願いが通じたのか12年のドラフトでは4球団が重複した藤浪晋太郎（大阪桐蔭高・投手）を抽選で獲得した。3球団以上が1位で入札した選手の競合はこれまで14回あり、抽選で獲得したのは江夏豊（66年）、江川卓（78年）、岡田彰布（79年）の3回だけ。じつに33年ぶりの大物の獲得だった。

2012年　ドラフト指名選手

順位	選手名	守備	所属
1位	藤浪晋太郎	投手	大阪桐蔭高
2位	北條史也	内野手	光星学院高
3位	田面巧二郎	投手	JFE東日本
4位	小豆畑眞也	捕手	西濃運輸
5位	金田和之	投手	大阪学院大
6位	緒方凌介	外野手	東洋大

2013年版の指摘

藤浪という「起爆剤」

監督＝和田豊

藤浪晋太郎賛歌

《甲子園大会史上ナンバーワン投手は誰かと聞かれたら、江川卓（作新学院高）、桑田真澄（PL学園高）、松坂大輔（横浜高）、ダルビッシュ有（東北高）など候補者の顔がいろいろ思い浮かぶと思うが、最終的には藤浪晋太郎（大阪桐蔭高）と答えるだろう。12年の春、夏甲子園を連覇、ストレートの最速は153キロに達し、この快速球を内外角に投げ分けるコントロールがある高校生など、藤浪以外に見たことがない》

プロ1年目、24試合に登板して10勝6敗、防御率2・75という結果を残し、奪三振率8・24、与四球率2・88という数字を見れば、これから先、どれくらい相手チームを圧倒していくのか楽しみしかなかった。

だが藤浪が2ケタ勝利を挙げたのは3年目の15年まで。その15年には奪三振が221に達し、初タイトルを獲得した。23年までの通算成績はNPB57勝54敗、防御率3・41とMLB7勝8敗、防御率7・18で、合算した成績では私が設定する「成功選手」の基準に達してはいるが、求めているものが高いので全然納得できない。

阪神のドラフトに話を戻すと、藤浪の獲得以降、活躍する選手が増えている。

今世紀に入ってから活躍した選手は安藤優也、江草仁貴、久保田智之、鳥谷敬、能見篤史、大和、岩田稔、渡辺亮、上本博紀と少なく、09年〜11年の3年間は成功選手の低いハードルさえ1人も超えていない。それが藤浪以降は、岩貞祐太、梅野隆太郎、岩崎優とレギュラー陣に基準をクリアする選手が続出している。

15年以降のドラフトの成果は金本知憲監督（16年〜18年）の金言、「ドラフトですぐ使える便利屋のような選手を多く取る球団の体質が、生え抜きが育たない要因」によってもたらされたと思っているが、12年〜13年の好結果は藤浪の活躍によってスカウトなど編成陣が奮い立ったせいだと思う。

解消されないレギュラー野手の高齢化問題

13年の阪神の投手成績を見ると、チーム防御率3・07はリーグ1位、完投14（西武に次いで12球団中2位）、奪三振1038（12球団中3位）など、打者を圧倒する攻撃的分野で高い数値を示している。

それにくらべて打撃陣は高齢化が目立ち、チーム本塁打82がリーグ唯一の2ケタ台でわかるように相手を圧倒する迫力が不足している。この年のレギュラー陣の年齢を簡単な経歴とともに紹介しよう。

捕　手　藤井彰人　37歳　近鉄↓楽天↓11年阪神
一塁手　新井貴浩　36歳　広島↓08年阪神
二塁手　西岡剛　29歳　ロッテ↓ツインズ↓13年阪神
三塁手　新井良太　30歳　中日↓11年阪神
遊撃手　鳥谷敬　32歳　04年阪神

左翼手　マートン　32歳　ロッキーズなど↓10年阪神
中堅手　大和　26歳　09年阪神
　　　　俊介　26歳　10年阪神
右翼手　福留孝介　36歳　中日↓カブスなど↓13年阪神
　　　　今成亮太　26歳　日本ハム↓12年阪神

10人中、移籍組が６人、外国人が１人という陣容で、30歳を超えているのが６人。23年シーズンのレギュラーはというと、外国人のノイジー以外は全員、生え抜きである。15年以降の８年間のドラフトで作りあげたチームと言っていい。

巨人は阪神以上にトレード戦略を駆使する球団だが、前年12年に日本一になったチームは、捕手・阿部慎之助33歳、一塁・エドガー34歳、二塁・寺内崇幸29歳、三塁・村田修一32歳、遊撃・坂本勇人24歳、左翼・松本哲也29歳、中堅・長野久義28歳、右翼・高橋由伸37歳を見れば、移籍組は村田１人。谷佳知を入れても２人なので、この時期の阪神とはだいぶ違う。

ドラフトで3人の「成功選手」を獲得

13年のドラフト前、大阪桐蔭高で藤浪とバッテリーを組んでいた森友哉（捕手）の1位入札を予想する声があった。バッティング、脚力、二盗を阻止する強肩などプレーヤーとしての能力に文句はなかったが、1歳上の藤浪に対するタメ口など、投手陣とのコミュニケーション能力に疑問符がついたのかもしれない。

13年の1位入札は即戦力候補ナンバーワンの大瀬良大地（九州共立大・投手）。競合したヤクルト、広島との抽選で敗れたのち、外れ1位で柿田裕太（日本生命・投手）に入札したが、DeNAとの抽選で敗れ、外れ外れ1位で入札した岩貞祐太（横浜商科大・投手）を獲得した。

岩貞は2年目まで2勝5敗と出遅れたが、3年目に10勝9敗を記録し、現在まで通算40勝42敗55ホールドで成功基準をクリアしている。

2位以下では4位・梅野、6位・岩崎が23年のチームでも主力としてチームを支えている。1回のドラフトで3人の成功選手を輩出したのは96年の1位・今岡誠、2位・

関本賢太郎、３位・濱中治以来17年ぶり。やはり藤浪の活躍が新人を含めた若手全体の後押しをしているように見える。

前にも書いたが、前年の藤浪は阪神にとって久々の速球派の指名である。09年には４位で秋山拓巳（西条高）を指名しているが、高校時代のストレートで押す迫力はプロで見たことがない。そうなると、98年１位の藤川球児（高知商高）まで高校卒の速球派は見たことがなく、どうして阪神のスカウトは技巧タイプを追い求めるのかという疑問が沸いてくる。

すぐ思いつくのが入団１～２年目の早い時期に好結果を出した次の選手たち。

05年大社４巡目・渡辺亮（日本生命）、06年大社３巡目・上園啓史（武蔵大）、08年４位・西村憲（九州産業大）、10年１位・榎田大樹（東京ガス）

渡辺は１年目に53試合登板を果たし、上園は１年目に８勝５敗で新人王、西村は２年目に65試合に登板して７勝３敗14ホールド、榎田は１年目に62試合に登板して３勝３敗33ホールドを挙げている。私が基準にする成功ラインに上園と西村は達していないが、新人が活躍しない阪神では「即戦力タイプの技巧派」はスカウトにとっては自分の評価を上げる重要なキーワードになる。こういう早い段階での成果主義によって、阪神の「技巧派好み」が形成されたのだろう。

2013年　ドラフト指名選手

順位	選手名	守備	所属
1位	岩貞祐太	投手	横浜商科大
2位	横田慎太郎	外野手	鹿児島実高
3位	陽川尚将	内野手	東京農業大
4位	梅野隆太郎	捕手	福岡大
5位	山本翔也	投手	王子
6位	岩崎優	投手	国士舘大

2014年版の指摘

育成か勝利か

監督＝和田豊

高校生に投資すると言った楽天トップ

13年に24勝0敗、防御率1・27という未曾有の大記録を打ち立て、楽天を初の日本一に導いたエース、田中将大がポスティングシステムを活用してヤンキースに移籍した。この14年版の「はじめに」では、田中を手放した楽天のチーム統括本部長、安部井寛の話を紹介している。取材のテーマは、「ドラフトで重要視するのは将来性の高校生か即戦力の大学生＆社会人か」。これに対して安部井は、「ピッチャーは高卒の選手のほうがしっかり育成する仕組みができていれば長く活躍するので、評価が並んだら高校生でいこう、という話ですね」と話してくれた。

この少しあと、立花陽三・球団社長（当時）が2月3日に配信されたWebスポルティーバの取材で「僕らの仮説では、野手は25歳〜26歳。投手は23歳〜25歳がピーク。極端に言うと、大学生のピッチャーはほぼ完成されていて、伸びしろがあまりないんです。ましてや大卒の社会人だとすでにピークにあり、そこからプロで育てるとなると、失敗したときのリスクがものすごく大きい。なので、年に1回しかないドラフトでは、基本的には高校生に投資すべきだというのが僕の考えです」と語っている。

かつてチームのトップがこれほど将来性を重要視するべき、と公言していても、現在の楽天のドラフトがそうなっていないのを見ればドラフトの難しさがわかる。楽天の1位指名は、12年＝森雄大（東福岡高）、13年＝松井裕樹（桐光学園高）、14年＝安樂《あんらく》智大（済美高）、15年＝オコエ瑠偉《るい》（関東一高）、16年＝藤平尚真（横浜高）と高校卒選手が続くが、成果は微妙。23年オフの球界を騒がした安樂のパワハラで高校卒はますます遠ざけられるかもしれない。

17年〜20年は再び大学生&社会人の即戦力志向に戻り、21年は前評判が高くなかった高校生野手の吉野創士（昌平高・内野手）を1位で入札して驚かされた。優勝した13年以降の10年間、Aクラス（3位）に入ったのがわずか3回、あとの7回がBクラスという状況を見れば「低迷している」と言っていいと思う。

阪神は星野が監督になった02年以降、暗黒時代を脱してはいるが、優勝は岡田彰布監督時代の05年以降、途絶えていた。この期間、物足りなかったのがベテラン重視の起用法だ。

《球団関係者は若手を抜擢できない理由を「ファンは勝たないときてくれない」と言うが、こういうファン（若手に期待する）の声があることも忘れないでほしい。05年に優勝したときは313万2224人だったのを見れば「勝つ＝観客がくる」という因果関係にも納得が行くが、昨年は2位に浮上しながら270万台にとどまった。勝つことを求めるファンと若手中心の起用を望むファンの声はけっして対立しない。バランスを取ればいいのである》

14年版の『プロ野球 問題だらけの12球団』には、こう書いた。

シーズンでもベテラン重視の起用が目立ったが、チーム成績は巨人に次ぐ2位につけ、CSではファーストステージの広島戦を1勝1分けで勝ち上がり、ファイナルステージの巨人戦は1勝のビハインド（優勝チームにあらかじめ1勝を与える）がありながら、あっと驚く4連勝で日本シリーズ出場を決めた。

日本シリーズではソフトバンクに1勝4敗で蹴散らされたが、地力の差を痛感させられるとともにソフトバンク野手陣の若さにも圧倒されている。スタメンで出場した阪神の20歳代の野手は大和27歳、上本博紀28歳の2人だけなのに、ソフトバンクは今宮健太23歳、中村晃25歳、柳田悠岐26歳、明石健志28歳といるのだ。投手陣も阪神に20歳代は少なく1イニングだけ登板した松田遼馬20歳、2イニングスだけ登板した歳内宏明21歳以外は全員30歳以上。それに対してソフトバンクは武田翔太21歳、森唯斗22歳、東浜巨《ひがしはまなお》24歳、岩嵜翔25歳、森福允彦28歳と20歳代が多かった。

ドラフト1位、2位、4位で社会人の投手を指名

この14年、日本シリーズに進出した勢いを駆ってドラフト1位では大学ナンバーワン右腕の有原航平（早稲田大→日本ハム）を入札、抽選で敗れたあと外れ1位で山﨑康晃（亜細亜大→DeNA）を入札、この抽選にも敗れ、外れ外れ1位で社会人の横山雄哉（新日鉄住金鹿島）を獲得した。2位も同じ会社の石崎剛を指名、横山はプロ通算3勝、石崎は1勝に終わり、ともにプロの舞台から去っている。

阪神投手陣の12年〜15年の3年間のチーム防御率は12年＝2・65（リーグ3位）、13年＝3・07（リーグ1位）、14年＝3・88（リーグ5位）で推移している。即戦力候補をほしがる気持ちはわかるが、前年に高校卒新人の藤浪晋太郎が10勝6敗、防御率2・75という好成績を挙げているのだから、その勢いに乗ってほしかった。

有原の1位入札は評価できるが、超高校級スラッガーの岡本和真（智弁学園高→巨人1位・内野手）を指名する選択肢はなかったのだろうか。阪神の13年シーズンのチーム本塁打数はリーグ最下位の82本、14年が同5位の94本だった。「高校生」「野手」に向かっていく勇気がこのときの阪神には本当に欠けていた。関西出身（奈良）の岡本ならファンの後押しも期待できたし、長く「高校卒」が不在のスターティングメンバーに若さも注入できたはずだ。

2014年　ドラフト指名選手

順位	選手名	守備	所属
1位	横山雄哉	投手	新日鐵住金鹿島
2位	石崎剛	投手	新日鐵住金鹿島
3位	江越大賀	外野手	駒澤大
4位	守屋功輝	投手	Honda鈴鹿
5位	植田海	内野手	近江高

2015年版の指摘

慢性化した貧打

監督＝和田豊

鳥谷敬の後継者問題

《昨年（2014年）暮れから今年の1月にかけて鳥谷敬のメジャー挑戦が話題になった。このときの騒ぎぶりが申し訳ないが滑稽だった。鳥谷がいなくなったあとの遊撃手を誰にするか、ファンやマスコミと一緒になってフロントトップが騒ぎ立て、ゴールデングラブ賞に輝いた名外野手・大和の遊撃復帰や西岡の二塁からのコンバートなど侃々諤々《かんかんがくがく》、議論百出状態になった。控え候補にレギュラークラスが多すぎる弊害と言っていい》

もう一方で、10年〜14年の5年間、目立ったのが捕手の獲得だ。10年シーズンには城島健司（マリナーズ→）、原口文仁（帝京高）、11年シーズンには藤井彰人（楽天→）、中谷将大（福岡工大城東高）、12年シーズンには今成亮太（日本ハム→）、廣神聖哉（ＢＣリーグ・群馬育成）、13年シーズンには日高剛（オリックス→）、小豆《あず》畑《はた》眞也（西濃運輸）、14年シーズンには鶴岡一成（ＤｅＮＡ）、梅野隆太郎（福岡大）……という具合に、毎年即戦力になりそうな選手を獲っている。

真弓明信（09年〜11年）、和田豊（12年〜15年）両監督がバッテリーを含めた守備力を重視した結果だが、私は慢性的な貧打改善のほうに力を入れてほしかった。

「走攻守」という呪縛

この時期、貧打の改善ができなかったのは、阪神スカウト陣の野手に対する偏見があったためだろう。野手は「走攻守」の3拍子が揃っていなければならない、という偏見である。12〜14年までに指名した野手の顔ぶれを見れば「走攻守」の呪縛がどれほど強かったかわかる。

12年＝2位・北條史也（光星学院高・遊撃手）、4位・小豆畑眞也（西濃運輸・捕手）、6位・緒方凌介（東洋大・外野手）、13年＝2位・横田慎太郎（鹿児島実高・外野手）、3位・陽川尚将（東京農業大・三塁手）、4位・梅野隆太郎（福岡大・捕手）、14年＝3位・江越大賀（駒澤大・外野手）、5位・植田海（近江高・遊撃手）

この8人中、守備力に重きが置かれる捕手と遊撃手が2人ずつ指名され、外野手の緒方、横田、江越も走攻守のバランスがとれたアスリートタイプで、バッティングだけが買われたのは陽川のみである。

この「走攻守」という呪縛を解いた指名を一度見たかったが、19年から積極的に取り組み始めた育成ドラフトで、そういう人材が指名されている。近年ではバッティング優位の人材、19年育成ドラフト1位・小野寺暖（大阪商業大・外野手）と22年育成ドラフト1位・野口恭佑（九州産業大・外野手）が結果を残しつつある。

2015年　ドラフト指名選手

順位	選手名	守備	所属
1位	髙山俊	外野手	明治大
2位	坂本誠志郎	捕手	明治大
3位	竹安大知	投手	熊本ゴールデンラークス
4位	望月惇志	投手	横浜創学館高
5位	青柳晃洋	投手	帝京大
6位	板山祐太郎	外野手	亜細亜大

2016年版の指摘

ドラフト改革の始まり

監督＝金本知憲［16年4位、17年2位、18年6位］

金本知憲監督の改革がスタート

すでに述べたとおり、そもそも本書を書こうと思ったのは、この16年シーズンから阪神の監督に就任する金本知憲が語った言葉が発端だった。

「ドラフトですぐ使える便利屋のような選手を多く取る球団の体質が、生え抜きが育たない要因。盗塁王、４番打者、エースになれる選手を取ろうとフロントに言っている。再建に必要な時間は分からないし、簡単にいくとは思っていない」

毎日新聞記者の「これまで阪神の監督は最長で６年目の途中まで（故中村勝広氏）。再建に使える時間は無限ではない」を受けて口をついた言葉だが、実際にここから阪神のドラフトが変わった。

まず、目立つのは野手の1位が増えたこと。統一ドラフトになった08年以降、阪神の1位は08年・蕭一傑（奈良産業大）、09年・二神一人（法政大）、10年・榎田大樹（東京ガス）、12年・藤浪晋太郎（大阪桐蔭高）、13年・岩貞祐太（横浜商科大）、14年・横山雄哉（新日鉄住金鹿島）と、11年以外は投手が続いた。それも高校生の藤浪以外は全員、大学生か社会人の即戦力候補ばかり。金本の言った「すぐ使えるような便利屋のような選手」とみごとに重なる。この現実に危機感を覚えた金本は阪神の体質を変えようと立ち上がった。

金本自身、東北福祉大の外野手として91年のドラフト4位で広島入りし、03年にFA権を行使して阪神に入団した。こういう経歴を見るとトレード戦略にアレルギーはなさそうだが、監督に就任した16年にトレードをしたのは左腕の高橋聡文（中日）だけ。17年はFA権を行使した糸井嘉男（オリックス・外野手）を獲得、18年は逆にFA権を行使してDeNAに移籍した大和の人的補償で尾仲祐哉を獲得、さらに榎田大樹とのトレードで岡本洋介（西武）を獲得した。これまでは獲れるものは何でもかんでも掻き集めるようなトレード戦略をしてきたが、金本監督時代のフロントはそれまでのように動かなかった。

16年1月3日付けの日刊スポーツ紙上で桧山進次郎（元阪神）と対談した金本はトレード戦略を聞かれ、「若手にチャンスをあげようと。FAで自分が来たくせに、FAに頼るまいというね（笑い）。それは選手には伝えましたよ。お前らを使いたいからと。若い外野手がギラギラしていましたよ。ニヤッとしていましたよ」と応えている。ここでも「便利屋のような選手を多く取る球団の体質を変えたい」という言葉と矛盾しない姿勢が見える。

大器・藤浪晋太郎の挫折

新人年以来、10勝6敗→11勝8敗→14勝7敗と安定した成績を残してきた藤浪。何かとコントロールの悪さを指摘されていたが、与四球率（1試合・9イニングスに換算した四球数）は1年目（13年）が2・88、2年目が3・53、3年目が3・71なので、全然悪くない。それが5年目の17年以降、急激に与四球率が悪化しはじめた。

16年＝26試合、169回、70四球（与四球率3・73）、8死球、176三振、防御率3・25

17年＝11試合、59回、45四球（与四球率6・86）、8死球、41三振、防御率4・12
18年＝13試合、71回、47四球（与四球率5・96）、4死球、70三振、防御率5・32

与四球率は金本監督になった16年からよくなる兆しがない。同年、ライバルと言われていた大谷翔平は日本ハムの日本一に投打で貢献し、指名打者、投手の両部門でベストナインを獲得していた。これはもちろん史上初の快挙で自身初のＭＶＰにも選出され、藤浪との差は露骨に広がっていた。

藤浪の失速の原因は16年7月8日の広島戦での「罰投」だと思う。3回までに5失点する乱調ぶり。とくに初回は２つの四球と味方野手のエラーも絡んで3失点。8回限りで降板したときの球数は１６１球に達していた。

試合後、金本監督は「最後まで投げさせるつもりだった」と語っているのは、藤浪にかける期待がそれだけ大きかったということ。先に紹介した桧山との対談では「そうなると藤浪にかかる期待は大きい」と聞かれたあと、「それは彼も分かっていると思う。どんどん完投して、中継ぎを休ませる役割を喜んで買って出てくれる。頼もしいですね。そういうハートを持っている子は」と応えている。エースの役割についてシーズンに入る前から話し合われていたようなニュアンスではないか。

だが、藤浪が制球難に陥ったのは、金本監督の罰投からである。そのことを考える前に高校３年夏の甲子園大会の成績も見てみよう。

◇12年夏＝36回、6四球（与四球率1・50）、3死球、49三振、防御率0・50

甲子園大会の与四球率の低さを見れば、16年以降の与四球率の悪化は金本監督の罰投がもたらした「人災」だと理解できる。さらにライバル大谷の華々しい活躍が焦りを増幅させたのだろう。18年以降、大谷の活躍の場がメジャーに移り、金本が18年限りで阪神を去っても藤浪に復活の気配はまったく見えなかった。少しでも良化の兆しがあれば22年オフ、球団はポスティングシステムを活用したメジャー挑戦など容認しなかっただろう。

藤浪獲得の意思を見せたのが渋ちん球団で有名なアスレチックスだったのは、このときの藤浪の立ち位置をよく表しているが、6月に良化の兆しがあり、7月19日にオリオールズへ移籍。そこからの復活ロードは皆さんもよく知るとおりである。

金本の「厳しさ」、その功罪

さて、16年〜18年の3シーズン指揮を執り、4位→2位→6位の成績を残した金本監督には球団、マスコミとも評価が低いのでは、と思うことがある。藤浪を「161球の酷使」によって主戦から引きずり落とし、メジャーへ追いやったことが低評価の最大原因だと思うが、ドラフト改革や主力選手でも全力プレーを怠れば厳しく叱責する鬼軍曹的な振る舞いがチームに緊張感を与えてきた。正直、もう2〜3年、指揮を執る姿が見たかった。

監督として物足りなかったのは、意外だが野手の抜擢が遅れたところだ。16年1位の大山がはじめて規定打席に達したのは金本監督が勇退した19年。反対に15年1位の髙山俊は1年目、134試合に出場し、打率・275、安打136を記録して新人王に輝いたが、2年目以降出場機会が激減し、23年限りで退団している。

金本監督にはレギュラーには「こういう選手でなくてはならない」という基準があったのではないか。それが厳格すぎて抜擢できない、あるいは髙山のようにすぐレギュラーから振るい落とす結果になり、旧態依然としたスタメンを余儀なくされる。以下に示す、金本が監督だった3年間のレギュラーを見ると、そう考えざるをえない。

	16年	17年	18年
捕手	原口文仁	梅野隆太郎	梅野隆太郎
一塁手	ゴメス	原口文仁	ロサリオ
二塁手	大和	上本博紀	糸原健斗
三塁手	北條史也	鳥谷敬	大山悠輔
遊撃手	鳥谷敬	北條史也	植田海
左翼手	髙山俊	中谷将大	福留孝介
中堅手	江越大賀	糸井嘉男	中谷将大
右翼手	福留孝介	福留孝介	糸井嘉男

この中で、今の「強いタイガース」に引き継がれているのは大山と梅野だけ。ドラフトにおける金本メソッドの印象が強烈なだけに、監督としての采配に物足りなさを感じてしまうのである。

2016年　ドラフト指名選手

順位	選手名	守備	所属
1位	大山悠輔	内野手	白鷗大
2位	小野泰己	投手	富士大
3位	才木浩人	投手	須磨翔風高
4位	浜地真澄	投手	福岡大附属大濠高
5位	糸原健斗	内野手	JX-ENEOS
6位	福永春吾	投手	徳島インディゴソックス
7位	長坂拳弥	捕手	東北福祉大
8位	藤谷洸介	投手	パナソニック

2017年版の指摘

チーム作りの「理想と現実」

監督＝金本知憲

「超変革」が意味していたもの

《野手のドラフト上位指名が増えるタイミングで、生え抜き野手の重要性を訴える金本が監督に就任し、昨年のスローガンが「超変革」だった。何を意味するのかというと「若手野手の抜擢」が最大の狙いだったように思える。そして〝公約〟どおり、金本監督は新人やファームに塩漬けされていた若手・中堅を積極的に起用した》

起用された象徴的な選手として北條史也、原口文仁、高山俊を紹介したが、金本思想が強烈に放射されたのはシーズン中の選手起用より、ドラフト会議での指名だった。

◇15年＝1位・髙山俊（明治大・外野手）、2位・坂本誠志郎（明治大・捕手）、6位・板山祐太郎（亜細亜大・外野手）
◇16年＝1位・大山悠輔（上武大・内野手）、5位・糸原健斗（JX－ENEOS・内野手）、7位・長坂拳弥（東北福祉大・捕手）
◇17年＝3位・熊谷敬宥（立教大・内野手）、4位・島田海吏（上武大・外野手）
◇18年＝1位・近本光司（大阪ガス・外野手）、2位・小幡竜平（延岡学園高・内野手）、3位・木浪聖也（Honda・内野手）
◇19年＝2位・井上広大（履正社高・外野手）、4位・遠藤成（東海大相模高・内野手）、5位・藤田健斗（中京学院大中京高・捕手）
◇20年＝1位・佐藤輝明（近畿大・内野手）、4位・榮枝裕貴（立命館大・捕手）、6位・中野拓夢（三菱自動車岡崎・内野手）、7位・高寺望夢（上田西高・内野手）
◇21年＝4位・前川右京（智弁学園高・外野手）、6位・豊田寛（日立製作所・外野手）、7位・中川勇斗（京都国際高・捕手）
◇22年＝1位・森下翔太（中央大・外野手）、3位・井坪陽生（関東第一高・外野手）、

阪神ドラフトの価値観を根底から覆した金本知憲監督。

5位・戸井零士（天理高・内野手）、育成1位・野口恭佑（九州産業大・外野手）
◇23年＝3位・山田脩也（仙台育英高・内野手）、4位・百崎蒼生《ももさきあおい》（東海大熊本星翔高・内野手）、育成2位・福島圭音《けいん》（白鷗大・外野手）

日本一になった23年の主要選手は、捕手・坂本、一塁・大山、二塁・中野（糸原）、三塁・佐藤輝、遊撃・木浪（小幡）、左翼・（島田）中堅・近本、右翼・森下だから、15年以降の9年間で、チームの骨格どころか全体を作りあげたことになる。今後、低迷期が訪れても、辛抱強く的確な指名を続けていれば強いチームは作れる、という目安ができたことが一番大きいと思う。

糸井嘉男獲得で露呈したフロントの不安

17年シーズンを振り返れば、上昇機運に乗っているように見えても、前年のチーム成績が4位だったのでフロントは不安だったのだろう。ＦＡ宣言した36歳の糸井嘉男（オリックス・外野手）を獲りにいってしまった。16年の外野陣は新人王の高山とベテランの福留孝介以外は結果を残していないのでしかたないが、横田慎太郎（22歳）、江越大賀、中谷将大（ともに24歳）など有望な若手がしのぎを削る勃興期にあった。

17年版では「今季36歳になる糸井が守る外野はもっとも有望な若手がひしめいているポジションである。（中略）阪神はたった1年で革命的スローガン『超変革』を破棄するのか」と手厳しく書いている。

舌鋒鋭い批評家体質の金本監督は自己評価も甘くない。監督1年目に4位に落ちていることもありベテラン糸井を獲ると言われたらノートとは言えなかっただろう。糸井は17年〜19年の間１００安打以上放ち、３年間の打率は・３０４。これは十分評価できる。チームが17年シーズン、２位に浮上する力にもなったと思うが、「超変革」を打ち出し、若い力を抜擢すると明言していた金本監督は不満だっただろう。

青柳晃洋の覚醒

投手では金本監督の息のかかったドラフト組が第一線に出始めた。15年5位の青柳晃洋（帝京大）は指名順位を見ればわかるように前評判は高くなかったが、新人年の

16年に13試合に登板（そのうち先発は12試合）、4勝5敗、防御率3・29という結果を残し、主戦にのし上がった。翌17年はすべて先発で12試合に登板、4勝4敗、防御率3・22は前年と変わらないが、与死球10が断然光る（前年は8）。

コントロール難のように言われることもあるが、最多勝（13勝4敗）、最優秀防御率（2・05）の二冠に輝いた22年、死球が8個あり、これはリーグ4位の多さだった。同年12月9日付けの日刊スポーツ紙で青柳は「コースを狙って攻めていった結果なので。ビビッて自分のボールを投げられない方がダメだと思う」と死球の多さについて語っている。

金本監督がドラフトで指名する選手はかなり独特。前評判より、自分で見た（撮影された動画）印象を優先しているようなのだ。スカウトを信じているが、自分の受けた印象やメディアの言うことと違いがあれば、自分の目を優先して選手を評価する。大山を1位入札した16年のドラフトは金本監督の大ヒットと言っていい。

2017年　ドラフト指名選手

順位	選手名	守備	所属
1位	馬場皐輔	投手	仙台大
2位	髙橋遥人	投手	亜細亜大
3位	熊谷敬宥	内野手	立教大
4位	島田海吏	外野手	上武大
5位	谷川昌希	投手	九州三菱自動車
6位	牧丈一郎	投手	啓新高

◇育成

順位	選手名	守備	所属
1位	石井将希	投手	上武大

2018年版の指摘

新旧交代の狭間で

監督＝金本知憲

ドラフト改革の成果が見え始めた

16年以降、防御率だけ見ると「3・38②→3・29①→4・03②」と推移しているので（マル内数字はリーグ順位）、阪神の投手力はリーグ上位の力を持っていることがわかる。それに対して攻撃力を示す打率は16年以降、・245⑥→・249④→・253⑤とリーグ下位をさまよい、本塁打数も90⑤→113③→85⑥という停滞ぶり。「投手でもっているチーム」はデータが示している。

問題視され続けてきた高年齢化はどうなのだろう。16年～18年のエース、メッセンジャーが残した12勝→11勝→11勝はみごとというしかない。メッセンジャーに続く能見篤史は8勝→6勝→4勝という成績に下降線がしっかり描かれ、39歳（18年当時）になる年齢も無視できなかった。能見と37歳のメッセンジャー、38歳の藤川球児で組む114歳トリオにチームの未来を預けろと言われても「はい」とは言えない状況である。

この3年間はドラフト改革の成果か若手・中堅の成長が続いている。16年は岩崎優（25歳）が3勝5敗、青柳晃洋（23歳）が4勝5敗、17年は秋山拓巳（26歳）が12勝6敗、高橋聡文（22歳）が6勝0敗26HP、18年は20歳の才木浩人が22試合に登板して6勝10敗を記録している。

12勝を挙げた秋山は「去年、中継ぎで1軍に上がってきた時、変化球ばかりの投球でした。そのとき、（藤川）球児さんに、『金本監督は球が速い投手を買っているから、そういうところ見せないといけない』って言われたんです。そこから色々試すうちにコツをつかんだという感じです」

この記事は17年6月、スポーツ報知に掲載されたインタビュー記事だが、「球が速いほうが監督に認められる」と言われただけで球は速くなるのかと思った。それと同時に、高校時代に速球派といわれた秋山はどうしてプロ入り後「速さ」を封印してしまったのか、とも思った。

23年の秋山は15年以来8年ぶりに勝ち星が0だった。通算成績は134試合に登板して49勝44敗（セーブ、ホールドなし）。このまま引退すれば、私が成功選手の目安にしている、「300試合登板、50勝（セーブ、ホールドは0・5勝）のうち1つをクリア」に届かない。もう一度、「球を速くする」ことに意欲的になったらどうだろう。今季33歳の秋山にはまだ余力があると思う。17年の与四球率0・90は十分に武器になるし、針の穴を通す精密機械にして与死球6の攻撃的精神も思い出してほしい。

23年の日本一を呼び込んだ「18年ドラフト」

阪神のドラフトでもっとも成功した年は96年（1位・今岡誠など）、98年（1位・藤川球児など）などが思い浮かぶが、18年もその候補である。1位・近本光司（大阪ガス・外野手）、2位・小幡竜平（延岡学園高・内野手）、3位・木浪聖也（Ｈｏｎｄａ・内野手）、4位・齋藤友貴哉（Ｈｏｎｄａ、現日本ハム・投手）、5位・川原陸（創成館高・投手）、6位・湯浅京己（ＢＣリーグ／富山ＧＲＮサンダーバーズ・投手）の最終的な評価はまだ定まらないが、23年の日本一に大きく貢献している。

外れ外れ１位で入団し、球界を代表するセンターに成長した近本光司（2018年ドラフト１位）。

近本は1位で入札した藤原恭大（大阪桐蔭高→ロッテ・外野手）、辰己涼介（立命館大→楽天・外野手）を抽選で外した結果、外れ外れ1位で獲得している。当時、レフトを41歳の福留孝介、右翼を37歳の糸井嘉男が守っているが、センターは一定せず、俊介77試合（外野全般を守った試合数）、中谷将大69試合、伊藤隼太47試合、髙山俊37試合、江越大賀24試合、島田海吏11試合たちに決め手がなかった。

外野手、それもセンターにこだわり藤原→辰己→近本を求めたスカウティングの眼力がみごとである。他球団でも巨人（根尾昂→辰己→髙橋優貴）、ソフトバンク（小園海斗→辰己→甲斐野央）、ヤクルト（根尾昂→上茶谷大河→清水昇）が抽選負けを繰り返して3人を1位で指名しているが、指名した3人が一流になっているのは阪神だけ。

18年のドラフト2位、3位だった小幡と木浪は、23年の遊撃手争いでしのぎを削り、小幡が開幕戦ではスタメン出場を果たしたが、4月にヒットを量産した木浪がレギュラーに定着。8番打者なのに故意四球が12個（リーグ最多）あったところに相手バッテリーの警戒心の強さがわかる。

18年シーズン、二軍成績で目立ったのは青柳晃洋の8勝2敗、防御率2・73、浜地真澄の3勝1敗、防御率1・00、才木浩人の4勝2敗、防御率2・93。5年後に果たされる日本一への助走が静かにスタートした。

2018年　ドラフト指名選手

順位	選手名	守備	所属
1位	近本光司	外野手	大阪ガス
2位	小幡竜平	内野手	延岡学園高
3位	木浪聖也	内野手	Honda
4位	齋藤友貴哉	投手	Honda
5位	川原陸	投手	創成館高
6位	湯浅京己	投手	富山GRNサンダーバーズ

◇育成

1位	片山雄哉	捕手	福井ミラクルエレファンツ

2019年版の指摘

「金本路線」の継承

監督＝矢野燿大［19年3位、20年2位、21年2位、22年3位］

「70点をめざす指名」への後退はありえない

《金本知憲が監督に就任するとき「盗塁王、4番打者、エースになれる選手を（ドラフトで）取ろうとフロントに言っている」と話していたが、その成果が若手の投手陣の顔ぶれに現れている。なんと言ってもストレートの速い投手が多いのがいい。25歳の藤浪晋太郎をここで名前を出すのは残念だが、小野泰己と「若手最年長」でチームを引っ張り、馬場皐輔、望月惇志、才木浩人、浜地真澄に新人の齋藤友貴哉と7人も名前が出る。

藤浪以外は、すべて金本知憲の影響下で指名された選手ばかりで、それ以前の

〝中庸精神〟溢れる70点をめざす指名とは違っていた。金本監督が3年で終わったのは非常に残念だが、現在の若手が結果を出せば路線は踏襲されていくと思う》

4年後の日本一に向けて着々と戦力が整っていく様子がわかるが、同じ頃、同じ関西の球団、オリックスバファローズも変革のときを迎えていた。前年18年のチーム成績は4位、この19年も6位に沈んでいる。ちなみに阪神の18年は6位、19年は3位である。

《金子弌大（日本ハム）と西勇輝（阪神）が他球団に移籍し、戦力がガタ落ちしたと言われるオリックス。確かにそうなのだろうが、年齢構成表を見るとベテラン依存体質が穏やかになった印象がある。まず投手陣は若手の中に主力が多い。その主力が他球団との比較でどのレベルに位置するのかというのが一番の問題なのだが、とりあえずここに黒木優太、澤田圭佑、山岡泰輔、田嶋大樹、山本由伸がいるというのは心強い》

黒木は日本ハム、澤田はロッテに移籍し、山本はメジャー球団への移籍が決まっているが、投手力の育成にかけては球界ナンバーワンというのが23年現在、野球界全般での共通認識である。その端緒になったのがこの19年である。それ以降の主な投手の指名も紹介する。

20年＝1位・山下舜平大（福岡大大濠高）、6位・阿部翔太（日本生命）、育成3位・宇田川優希（仙台大）、21年＝1位・椋木《むくのき》蓮（東北福祉大）、6位・横山楓《かえで》（セガサミー）、7位小木田敦也（ＴＤＫ）。ここまでの成功率の高さが群を抜き、22年＝1位曽谷龍平（白鷗大）、3位・齋藤響介（盛岡中央高）、5位・日高暖己《あつみ》（富島高）、育成2位・才木海翔《かいと》（大阪経済大）、23年＝2位・河内康介（聖カタリナ高）、3位・東松快征《とうまつかいせい》（享栄高）、6位・古田島成龍（日本通運）、7位・権田琉成《りゅうせい》（ＴＤＫ）と素材型の本格派を高校生、大学生、社会人に偏らずに獲得している。

投手に関しては阪神も同じような自信を感じさせる。18年に1位〜3位まで野手をずらりと揃えたあと4位以下で主に即戦力候補を指名し、その中に6位・湯浅京己（ＢＣリーグ／富山ＧＲＮサンダーバーズ）がいたことが大きい。20年以降の主な投手の指名も紹介する。

20年＝2位・伊藤将司（ＪＲ東日本）、5位・村上頌樹（東洋大）、8位・石井大智（四

国アイランドリーグ・高知）、21年＝3位・桐敷拓馬（新潟医療福祉大）。彼らを主力にしながら、21年＝1位・森木大智（高知高）、5位・岡留英貴（亜細亜大）、22年＝2位・門別啓人（東海大札幌高）、4位・茨木秀俊（帝京長岡高）、6位・富田蓮（三菱自動車岡崎）、23年＝1位・下村海翔（青山学院大）、2位・椎葉剛（四国アイランドリーグ・徳島）、5位・石黒佑弥・（JR西日本）、6位・津田淳哉（大阪経済大）という高校生、大学生、社会人、さらに独立リーグからもどん欲に好素材を集めているのがわかる。

建て直しも瓦解も「8年」が目安

《08年以降のドラフトを見ていくと、上位指名の投手と野手の比率は13人対9人。これはセ・リーグでは巨人と並ぶバランスのよさだ。ただ、9人のうち高校生は3人。広島、巨人の5人、日本ハムの7・5人とは差がある。この差はくじ運だけではないと思う》

日本ハムの7・5人は投打二刀流の大谷翔平を野手0・5人、投手0・5人とカウントしているため。08年以降、日本ハムがどんな上位指名をしていたのか、野手から見ていこう。

08年＝1位・大野奨太（東洋大・捕手）、10年＝2位・西川遥輝（智弁和歌山高・外野手）、11年＝2位・松本剛（帝京高・内野手）、12年＝1位・大谷翔平（花巻東高・野手で0・5人）、2位・森本龍弥（高岡第一高・内野手）、13年＝1位・渡邉諒（東海大甲府高・内野手）、14年＝2位・清水優心（九州国際大付高・捕手）、16年＝2位・石井一成（早稲田大・内野手）、17年＝1位・清宮幸太郎（早稲田実高・内野手）、18年＝2位・野村佑希（花咲徳栄高・内野手）

それ以降は、20年＝2位・五十幡亮汰（中央大・外野手）、21年＝2位・有薗直輝（千葉学芸高・内野手）、22年＝1位・矢澤宏太（日本体育大・野手で0・5人）となっているので、16年以降の成功率が落ちているのがわかる。投手の上位指名も見ていく。

08年＝2位・榊原諒（関西国際大）、09年＝1位・中村勝（春日部共栄高）、2位・大塚豊（創価大）、10年＝1位・斎藤佑樹（早稲田大）、11年＝1位・菅野智之（東海大・入団拒否）、12年＝1位・大谷翔平（花巻東高・投手で0・5人）、13年＝2位・浦野博司（セガサミー）、14年＝1位・有原航平（早稲田大）、15年＝1位・上原健太（明治大）、2位・加藤貴之（新日鉄住金かずさマジック）、16年＝1位・堀瑞輝（広島新庄高）、17年

＝２位・西村天裕（ＮＴＴ東日本）、18年＝１位・吉田輝星（金足農高）
それ以降は、19年＝１位・河野竜生（ＪＦＥ西日本）、２位・立野和明（東海理化）、20年＝１位・伊藤大海（苫小牧駒澤大）、21年＝１位・達《たつ》孝太（天理高）、22年＝１位・矢澤宏太（日本体育大・投手で０・５人）、２位・金村尚真（富士大）、23年＝１位・細野晴希（東洋大）となっているので、16年以降の成功率が下がっているのがわかる。
阪神とオリックスが16年の指名からチームを建て直しているのとは対照的である。建て直しも瓦解も「８年」が目安になるようだ。

2019年　ドラフト指名選手

順位	選手名	守備	所属
1位	西純矢	投手	創志学園高
2位	井上広大	外野手	履正社高
3位	及川雅貴	投手	横浜高
4位	遠藤成	内野手	東海大付属相模高
5位	藤田健斗	捕手	中京学院大附属中京高
6位	小川一平	投手	東海大九州キャンパス

◇育成

1位	小野寺暖	外野手	大阪商業大
2位	奥山皓太	外野手	静岡大

2020年版の指摘

将来を見すえた指名とは？

監督＝矢野燿大

育成ドラフトに対する姿勢

《大物がどんどんメジャーに移籍するパ・リーグ各球団はそのたびに新陳代謝を促進され、チームはどんどん強化されていった。03年以降の17年間、日本シリーズで14勝3敗と圧倒している大きな理由である。しかし、阪神にはセ対パの勢力図より、87年～02年まで続いた暗黒時代からの脱出のほうが大きな問題なのだろう。今年も選手間や金銭によらない無償トレードで中田賢一（ソフトバンク）を獲得した》

即戦力になりそうなベテラン投手を他球団から無償で獲得するというのは、いかにも阪神らしいが、12年～16年まで見向きもしなかった育成ドラフトに17年から再び参加しているのは、前で紹介したファームの本拠地を鳴尾浜から尼崎の小田南公園に移転する動きと関連しているのだろう。

05年に導入された育成ドラフトには07年から参加し、08年3人、09年2人、10年3人、11年1人と続くが、12年～16年は参加せず、17年、18年に1人ずつ指名し、19年には2人の外野手を指名、20年～22年は各1人に戻り、23年は投手と外野手を指名している。手を出しては引っ込めるような指名の中から島本浩也（福知山成美高）が戦力になり、小野寺暖（大阪商業大）と野口恭佑（九州産業大）が戦力の手前にいる。

育成ドラフトと言えば、10年の4位・千賀滉大（蒲郡高・投手）、5位・牧原大成（城北高・内野手）、6位・甲斐拓也（楊志館高・捕手）を成功選手に導いたソフトバンクの十八番《おはこ》で、13年＝1位・石川柊太（創価大・投手）、17年＝2位・周東佑京（東農大北海道オホーツク・内野手）、3位・リチャード（沖縄尚学高・内野手）、4位・大竹耕太郎（早稲田大・投手、現阪神）まで引き継がれている。

そのソフトバンクの専売特許の領域に今、オリックスが挑んでいる。17年＝2位・東晃平（神戸弘陵高・投手）を皮切りに、20年＝3位・宇田川優希（仙台大・投手）、22

年＝２位・才木海翔（大阪経済大・投手、現育成選手）、４位・茶野篤政（四国アイランドリーグ／徳島・外野手）などの好素材が虎視眈々と主力の座を狙っているのである。

阪神は以前、足りない部分を補強する戦略としかドラフトを考えず、スカウティングの目も翌年だけに向けられていたが、ようやく３年先、５年先を見すえるようになり、19年には６人中、１位〜４位までオール高校生という指名を敢行し、育成ドラフトで獲った小野寺暖は23年、43試合に出場し、打率・３４７を記録している。

将来を睨んだ指名をもっとも強く感じさせてくれたのが19年である。１位・西純矢（創志学園高・投手）、２位・井上広大（履正社高・外野手）、３位・及川雅貴（横浜高・投手）、４位・遠藤成《じょう》（東海大相模高・内野手）と、上位に高校生を並べたのである。矢野新監督１年目で２年ぶりのＡクラス（３位）に入り、21年も矢野監督で２位に入り、この年の１位は高校生右腕の森木大智。森木の本格化は遅れているが、西純、及川が一軍の戦力に成長し、井上は将来の中軸候補である。徐々にドラフトの効果がチーム成績に反映されるようになってきた。

22年は矢野監督の最終年で、シーズン前に辞任を表明しているのでドラフトに与える影響力はなかった。それでも高松商高の浅野翔吾（巨人・外野手）を１位で入札し（抽選で巨人に敗れる）、２位〜５位まで高校生を指名しているのを見ると、ドラフト戦略が監督主導でなくフロント主導だとわかる。

ただ、この阪神の勢いのよさも、パ・リーグまで見渡した球界全体のムーブメントの中で見ると物足りない。ソフトバンクに代わり21年以降の覇者になるのはオリックスだ。16年に4位で獲得した山本由伸（都城高・投手）がエースになるのを見計らったように高校生を中心にした指名戦略に変貌。

これまで球界では80年～90年代に黄金時代を築いた西武、99年以降、9回の日本一に輝いたソフトバンク、00年～10年代に5回のリーグ優勝を飾った日本ハムがドラフトを戦略的に操り、トップに立った球団と認識されているが、3球団とも戦略の変更（競合・抽選を嫌い大物の入札を避ける、「ドラフト巧者」の評価に酔って前評判の低い選手を1位で指名する、高校生を避け即戦力候補の指名が多くなる……等々）で、全盛期の強さがない。オリックスはどこまで現在の戦略を継続できるのか興味は尽きない。

驚異の「20年ドラフト組」にも高校生は1人だけ

話を阪神のドラフトに戻すと、レギュラー野手の中に高校卒がいないというのがど

球団新人最速タイとなる開幕2試合・5打席目にプロ初本塁打を放った佐藤輝明（2020年ドラフト1位）。

うしても引っ掛かる。こういう球団は12球団の中で阪神だけで、かつて王国を築いた球団は67年〜78年の西本・上田阪急以外、50年代の三原西鉄、V9巨人、70年代の赤ヘル広島、80〜90年代の森西武、90年代の野村ヤクルト、10年代の秋山・工藤ソフトバンクには必ず高校卒の野手が中心にいた。

高校卒の中軸がいないと強さが持続しないというのは歴史的事実である。20年のドラフト組は確かに23年の日本一に大きく貢献したが、この中に高校生が1人しかいないことが私には不満である。

村上頌樹が新人王とMVPに選出され、中野拓夢が最多安打、伊藤将司が10勝、石井大智が44試合に登板して19ホールドと20年のドラフト組はじつに多士済々の顔ぶれ。この中に高校生は7位の高寺望夢（上田西高・内野手）1人だけ。前年（19年）に1位〜5位まで高校生を指名したから今年は1人でいい、というバランスの取り方なのだろう。しかし巨人が5位で秋広優人（二松学舎大付高）を獲っているのを見ると、どうして阪神は……と思ってしまう。

2020年　ドラフト指名選手

順位	選手名	守備	所属
1位	佐藤輝明	内野手	近畿大
2位	伊藤将司	投手	JR東日本
3位	佐藤蓮	投手	上武大
4位	榮枝裕貴	捕手	立命館大
5位	村上頌樹	投手	東洋大
6位	中野拓夢	内野手	三菱自動車岡崎
7位	髙寺望夢	内野手	上田西高
8位	石井大智	投手	高知ファイティングドッグス

◇育成

1位	岩田将貴	投手	九州産業大

2021年版の指摘

オリックスの変化から何を学ぶか

監督＝矢野燿大

新型コロナウイルスの余燼《よじん》が燻《くすぶ》る中での異例のシーズン

前年の20年は新型コロナウイルスが猛威をふるい、高校野球は春、夏の甲子園大会、秋は明治神宮大会が中止に追い込まれ、大学野球は春、秋の全日本大学野球選手権大会と明治神宮大会、さらに東都大学野球の春のリーグ戦などが中止に追い込まれ、社会人野球は日本選手権大会が中止、都市対抗は伝統の応援が禁止になり、1試合あたり1万人に制限された中で開催された。

何もかもが例年と異なった暗澹たる空気の中で行なわれ、プロ野球も通常の年間143試合から120試合に縮小され、セ・リーグでは最多勝が菅野智之（巨人）の14勝、ホームラン王が岡本（巨人）の31本と低めだった。

パ・リーグが優勢だった交流戦と日本シリーズはセ・リーグが奮起、交流戦は49勝48敗11分けでセが12年ぶりに勝ち越し、阪神は勝率6割超えで2位に躍進、日本シリーズは6戦中5試合が1点差（もう1試合が2点差）という僅差で、ヤクルトがオリックスを4勝2敗で退けた。19年～20年にシリーズワースト記録の勝ちなしの8連敗を喫した巨人を見ているので、ヤクルトの強さが目についた。

阪神は前年に続いて2位でシーズンを終えているがリーグ4位（打率・247）の貧打を、リーグ2位（防御率3・30）の投手力で補うのは見慣れた姿である。日本一になる2年後を見すえてこのシーズンを俯瞰すると、最多セーブ投手に輝いたスアレスが翌22年にパドレスに移籍すると、代わって抑えを務めたのは岩崎優だった。

日本で好成績を挙げた外国人選手のメジャー復帰は日本人選手のメジャー挑戦と同様によく見る光景で、阪神では16年の呉昇桓、20年のドリス、ジョンソンが近年のメジャー流出組で、いずれもリリーフで活躍した翌年に退団している。

スアレスがいなくなっても岩崎と湯浅がリリーフ陣にしっかりと収まっているというのが現在の阪神の底力で、2人以外にもベテランの加治屋蓮、岩貞祐太、若手・中堅の及川雅貴、浜地真澄、桐敷拓馬、島本浩也、石井大智が控えている。いつの間にかリリーフ陣が1人、2人の故障くらいでは崩れない強固なものになっていた。

ドラフトでチームを変えるために必要な時間

《12球団の中で唯一オリックスは大きな変化を模索している途上にある。過去21年間のうちAクラスに入ったのは2位になった08年、14年の2回だけ。Bクラスは現在まで6年間継続中である。山本由以外の高校卒でチームの中心になっているのは山本より年長のT－岡田くらいで、チームは相変わらず大学卒、社会人出身が多く占めている。それでもドラフトで高校生重視の戦略を実践しているところに並々ならぬ覚悟を感じるのである》

これは21年版の一節で、書いたのは20年の暮れ。わずか3年前のことである。投手の山本由伸と野手はT－岡田、若月健矢以外では宗佑磨がこの時期頭角を現しているが、吉田正尚（現レッドソックス）、西野真弘、大城滉二、福田周平、安達了一、小田裕也、中川圭太など、大学生&社会人出身が堆い層をなしているのがオリックスの一大特徴だった。

それがわずか3年後の23年には、野手の中心勢力が若月、森友哉（西武から移籍）宗、紅林弘太郎、投手は山本由伸、山﨑颯一郎、宮城大弥、山下舜平大、東晃平たち高校卒に変わっている。成績下位から常勝には8年かかると前に書いたが、チームの形を半分変えるくらいなら3年～4年でできる、という好例ではないか。

オリックスGMの福良淳一は05年、日本ハムの二軍内野守備コーチに就いている。05年には再三書いてきたように球界再編騒動が勃発し、プロ野球のさまざまな常識が一変している。そしてこの05年、阪神総務部から吉村浩が日本ハムにGM補佐として入団、偶然か必然か、翌06年にはヒルマン監督に率いられ62年以来、44年ぶりの日本一になった。

吉村が05年以降、ドラフトでやったことは「高校生」と「野手」の掘り起こしだった。たとえば他球団がやりきれなかった高校生野手の上位指名を、05年＝陽岱鋼、07年＝中田翔、10年＝西川遥輝、11年＝松本剛、12年＝大谷翔平、森本龍弥、13年＝渡邉諒、14年＝清水優心、17年＝清宮幸太郎、18年＝野村佑希、21年＝有薗直輝と継続している。

14年までは毎年のように高校生野手が1位～2位で指名され、16年まで続いた黄金時代の主力を構成していた。そして、福良がオリックスに復帰するのは13年から。若さと可能性に溢れた日本ハムのドラフトを一、二軍コーチとして見守り、高校生を主体にした指名戦略をたっぷり頭に叩き込んだことは想像にかたくない。

オリックスでは一軍ヘッドコーチ、監督代行、一軍監督などを経て19年からフロント（球団本部育成統括ＧＭ）に入り、最初に臨んだドラフトでは1位で宮城大弥（石川昂弥→河野竜生の外れ外れ1位）、2位で紅林弘太郎を指名している。1位に少しだけ迷いがあるが、2位の紅林は記憶に残るベストチョイスだ。

20年＝1位・山下舜平大、2位・元謙太、3位・来田《きた》涼斗《りょうと》、5位・中川拓真、22年＝2位・内藤鵬《ほう》、3位・齋藤響介を経て、23年は1位〜4位まで横山聖哉、河内康介、東松快征、堀柊那《しゅうな》という高校生に絞った指名。レギュラー遊撃手の紅林はこのとき21歳の若手である。そこに同じ遊撃手、それも高校生の横山を1位で指名するという大胆さ。

前評判では常廣羽也斗、下村海翔（ともに青山学院大）、武内夏暉（国学院大）、細野晴希（東洋大）、西舘勇陽（中央大）、草加勝（亜細亜大）、西舘昂汰（専修大）の東都大学リーグの7人をはじめ、投手の当たり年と言われていたが、それらには目もくれずに横山を単独指名している。これは大谷翔平を単独指名した12年の日本ハムを彷彿とさせる勇気ある指名だし、横山が一流選手になれば長く語り継がれる指名になる。

長くなったが、阪神がこれから常勝軍団になるためには日本ハム、オリックスがやってきた当たり前でない（常軌を逸した）指名をしなければならない。

この21年、阪神は1位で小園健太（市和歌山高・投手）を入札、外れ1位で森木大智（高知高）を獲得しているが、2位以下は大学生主体で、同年に日本ハムがやった1位・達孝太（天理高・投手）、2位・有薗直輝（千葉学芸高・内野手）、4位・阪口樂《うた》（岐阜第一高・内野手）、5位・畔柳《くろやなぎ》亨丞《きょうすけ》（中京大中京高・投手）という指名ほど勇気を感じない。

2021年　ドラフト指名選手

順位	選手名	守備	所属
1位	森木大智	投手	高知高
2位	鈴木勇斗	投手	創価大
3位	桐敷拓馬	投手	新潟医療福祉大
4位	前川右京	外野手	智辯学園高
5位	岡留英貴	投手	亜細亜大
6位	豊田寛	外野手	日立製作所
7位	中川勇斗	捕手	京都国際高

◇育成

1位	伊藤稜	投手	中京大

2022年版の指摘

スケール感を増すチーム

監督＝矢野燿大

大山悠輔の成長から生まれた好循環

《スカウト陣に自信を与えたのは16年に単独1位指名した大山のブレイクだ。1年目以来、本塁打は7↓11↓14、打点は38↓48↓76と漸増しているが、大学卒だけに選手寿命は高校卒ほどない。このまま中途半端な選手で終わってしまうのかな、と昨年のシーズン前までは思っていた。それが打率・288、安打122、本塁打28、打点85を挙げ、本塁打、打点のタイトルは最後まで岡本和真（巨人）と争った。大山が成長したことにより佐藤を（ドラフトで）指名しやすくなったのは確かだろう》

これはこの前年、21年版の『プロ野球 問題だらけの12球団』の一節で、野手にスポットライトを当てて変わりゆく阪神を浮かび上がらせようとした。

レギュラー陣の中に高校卒が3人、ドラフト1位が3人くらいいないと、フロント・編成の思惑通りにチーム作りが進んでいるとは言えない。そう考えるとドラフト1位の大山、佐藤、近本がレギュラーとして名前を並べる布陣は12球団の中でも理想形に近く、残る課題は高校卒を各ポジションに3人くらい配置することだと理解できる。

投手陣は対照的にドラフト1位が少なく、高校卒が多い。

【先発】	【中継ぎ】	【抑え】
青柳晃洋	湯浅京己	岩崎　優
伊藤将司	岩貞祐太	
西　勇輝	アルカンタラ	
ガンケル	浜地真澄	
ウィルカーソン	加治屋蓮	

金本ドラフトの申し子・大山悠輔（2016 年ドラフト 1 位）の順調な成長が球団に自信を与えた。

西　純矢　　　　　ケラー
才木浩人

この22年の布陣の中でドラフト1位は西純、岩貞、2位は伊藤、生え抜きの高校卒は西純、才木、浜地の3人ずつ。21年1位の森木、22年2位の門別啓人がここに入ってくれれば、「ドラフト上位」「高校卒」の枠に2人ずつ加わるので、私の価値観の中ではスケール感を増すと勝手に思っている。2人の23年のファーム成績を次に紹介する。

森木　15試合、52・2回、56安打、36四球、34三振、防御率6・15
門別　12試合、55回、50安打、15四球、43三振、防御率2・78

森木は今季3年目、門別は2年目だが、完成度は後輩の門別のほうが上。同期の小園健太（DeNA）が台湾ウインターリーグで好投しているので、森木もうかうかできない。

記録的連敗でもCS出場まで持っていく地力

《22年の阪神は波瀾万丈だった。まずキャンプイン前の1月31日、矢野燿大監督が『今シーズンをもって退任しようと思っている。選手にも伝えた』とこの年限りでの退任を表明、球団内に激震が走った。それまでの3年間、3位→2位→2位の好成績を挙げ、選手との関係も良好と思われていた好漢に何があったのか。好意的に考えれば、頂点に立ち切れないチームに劇薬効果を与えようとしたのかもしれない》

この文章は23年版『プロ野球 問題だらけの12球団』の一節である。この時期、阪神をかなり好意的に批評しているのは、22年版にも23年版にも「優勝」の二文字をあちこちで散見できることでもわかる。しかし、22年の開幕戦、阪神対ヤクルト戦をテレビで見て、思わず力が抜けた。

私は3月19日開幕の高校野球、春のセンバツ大会を取材するため関西に来ていた。

夜はさしてやることもないので地上波の阪神戦をテレビ観戦するのが大阪で夜を過ごすときの習慣で、このヤクルト戦もベッドに座ってじっとりと観戦していた。

マウンドに立つ先発の藤浪は7回まで被安打6、与四球2、奪三振7の3失点に抑え、スコアは8対3の大量リード。19年～21年まで4勝しかしていない藤浪を私は応援していた。金本前監督の〝きつい当たり〟をうまく躱《かわ》していれば、すでにFA権を取得し、ポスティングシステムを活用したメジャーリーグへの移籍を果たし、ライバル大谷との差もこのときほど露骨に離れていなかったはずだ。

そんなことを考えられるほどのんびりと、私は阪神の勝利を確信していた。しかし、8回表、代わった齋藤友貴哉、岩崎がサンタナに2ランなどを浴びるなどして4失点、8対7で迎えた9回はケラーが山田哲人、サンタナのホームランなどを浴びて3点を失い、手痛い敗北を喫してしまった。

このほとんど勝っていたヤクルト戦を落とさなければ、22年は阪神が優勝していたと思う。開幕のヤクルト戦に3連敗したあと、広島、巨人にも3連敗し、DeNAとの初戦でやっと初勝利を挙げるが、序盤の3～4月を9勝20敗1分けでスタートするチームに優勝などあり得ない。

私はかなりガッカリしたが、これほど悪い滑り出しでも最終的に68勝71敗、勝率・

489で3位に入ったのを見て、地力はあると思った。そして、矢野監督から優勝経験のある岡田彰布監督にバトンがタッチされ、優勝への期待は俄然と高まった。

2022年　ドラフト指名選手

順位	選手名	守備	所属
1位	森下翔太	外野手	中央大
2位	門別啓人	投手	東海大付属札幌高
3位	井坪陽生	外野手	関東第一高
4位	茨木秀俊	投手	帝京長岡高
5位	戸井零士	内野手	天理高
6位	富田蓮	投手	三菱自動車岡崎

◇育成

1位	野口恭佑	外野手	九州産業大

2023年版の指摘

充実した戦力だが、課題も

監督＝岡田彰布［23年1位・日本一］

WBCの主力メンバーから見えてくる阪神の課題

23年はペナントレースに入る前の3月に、国別対抗の世界ナンバーワンを決めるWBC（ワールドベースボールクラシック）が行なわれ、結果は日本が09年以来14年ぶりとなる3回目の優勝を果たし、大げさでなく日本中が歓喜した。

投打二刀流でメジャーリーグでも空前のブームを巻き起こした大谷の人気は凄まじく、私は脳梗塞を発症したあとのリハビリに励むべく前年の9月から専門病院に入院していたが、ナースステーションに据えられた大型テレビの前に集まった脳梗塞や脳出血など「脳病」を患った患者が大谷の一投一打に沸く姿を見たとき、大谷は野球というカテゴリーを超えたスーパースターになったと確信した。

大谷、ダルビッシュをはじめとする代表メンバーを見ながら、日本一に立ったこれからの阪神に求められる人材を探っていこう。

◇**投手**
ダルビッシュ有（パドレス）、戸郷翔征（巨人）、松井裕樹（楽天）、佐々木朗希（ロッテ）、大勢（巨人）、大谷翔平（エンゼルス・投&打）、伊藤大海（日本ハム）、山本由伸（オリックス）、今永昇太（DeNA）、湯浅京己（阪神）、宇田川優希（オリックス）、髙橋宏斗（中日）、宮城大弥（オリックス）、高橋奎二（ヤクルト）、山﨑颯一郎（オリックス※栗林に代わって追加招集）、栗林良吏（広島・途中、故障で戦線離脱）
◇**捕手**
甲斐拓也（ソフトバンク）、大城卓三（巨人）、中村悠平（ヤクルト）
◇**内野手**
山田哲人（ヤクルト）、源田壮亮（西武）、牧秀悟（DeNA）、牧原大成（ソフトバンク）、中野拓夢（阪神）、岡本和真（巨人）、山川穂高（西武）、村上宗隆（ヤクルト）
◇**外野手**

近藤健介（ソフトバンク）、周東佑京（ソフトバンク）、ヌートバー（カージナルス）、吉田正尚（レッドソックス）

代表メンバーを見てわかるのは主力の多くが高校卒ということ。31人中17人を数え、決勝・アメリカ戦のスタメンはヌートバーを除く８人中、近藤、大谷、村上、岡本、山田、中村の６人が高校卒で、投手は通算５イニングス以上投げた７人中、大谷、戸郷、ダルビッシュ、佐々木、宮城、山本の６人が高校卒。阪神がリーグの中心的存在になって日本シリーズ出場の常連になるには、１人ひとりの選手の「粒」を大きくすることだとわかる。

ドラフトでチームを甦らせた阪神

《金本知憲監督になった16年からドラフトが一変した阪神。１位指名は将来の４番打者かエースになり得る投手と基準を定め、それまでの「何となく即戦力」という選手は指名しなくなった。

16年＝大山悠輔（単独指名）、17年＝×清宮幸太郎→×安田尚憲→馬場皐輔（2球団競合）、18年＝×藤原恭大→辰己涼介→近本光司、19年＝×奥川恭伸→西純矢、20年＝佐藤輝明（4球団競合）、21年＝×小園健太→森木大智、22年＝×浅野翔吾→森下翔太

みごとに金本イズムが継承されていることがわかる。そして、2位以下でも現在の一軍メンバーが何人も指名されている。

才木浩人（16年3位）、浜地真澄（16年4位）、糸原健斗（16年5位）、髙橋遥人（17年2位）、島田海吏（17年4位）、小幡竜平（18年2位）、木浪聖也（18年3位）、湯浅京己（18年6位）、伊藤将司（20年2位）、中野拓夢（20年6位）

ドラフトでチームが変わる見本を阪神はこの7年間でしっかり見せてくれた》

振り返れば、23年シーズン前、岡田彰布新監督は「優勝」を「A・R・E」と換えて呼んでいた。「Aim! Respect! Empower!」の略とはいかにも後づけ感が強いが、直訳すれば「Aim（目標）Respect（敬意）Empower（力を与える）」。「優勝」という言葉は選手を緊張させるので、軽く「アレ」と呼べば力が抜けそう、くらいの狙いだろう。岡田監督はそれほど早く「優勝」を意識していた。遊撃→二塁にコンバートされた

中野と、空いた遊撃のポジションを勝ちとった木浪が、シーズン終了後、ともにゴールデングラブ賞に選出され（中野は最多安打のタイトルにも輝く）、大山（一塁手）と近本（外野手）がベストナインとゴールデングラブ賞の両獲り（近本は最多盗塁のタイトルも獲る）、坂本誠志郎が捕手のゴールデングラブ賞、投手では村山頌樹がＭＶＰ、新人王、最優秀防御率に選出され、シーズン前、湯浅京己に奪われた抑えを取り戻した岩崎優が最多セーブと、表彰選手が続出した。

表彰こそされていないが佐藤輝明はキャリアハイの24本塁打、92打点（リーグ３位）、新人の森下はオリックスとの日本シリーズにフル出場し、チーム最多の７打点を記録した。コンバートや配置転換された選手を使い切り、ポジション争いに敗れた小幡、湯浅も来季以降につながる成績をしっかり残しているというのが岡田監督の手腕だろう。シーズン終了後には最優秀監督賞、正力松太郎賞に選出され、「現代用語の基礎知識選　２０２３ユーキャン新語・流行語大賞」の年間大賞には「Ａ・Ｒ・Ｅ」が選ばれた。

こうして00年から年度版として出版されている『プロ野球　問題だらけの12球団』を振り返ると、よく書いているのは19年版くらいからで、それまでは注文に次ぐ注文で、スカウトの方たちと球場で顔を合わせれば「書き過ぎたかな」と思うことがしばしばだった。

しかし、阪神はみごとに球界を代表するドラフト巧者になり、若手を育成する新しいファーム施設はソフトバンクが筑後市に建設した60億円を超える100億円に達するという。この金本メソッドをいかに継続していくかが、これからのタイガースの課題になる。

2023年　ドラフト指名選手

順位	選手名	守備	所属
1位	下村海翔	投手	青山学院大
2位	椎葉剛	投手	徳島インディゴソックス
3位	山田脩也	内野手	仙台育高
4位	百崎蒼生	内野手	東海大付属熊本星翔高
5位	石黒佑弥	投手	JR西日本
6位	津田淳哉	投手	大阪経済大

◇育成

順位	選手名	守備	所属
1位	松原快	投手	富山GRNサンダーバーズ
2位	福島圭音	外野手	白鷗大

第3章
未来の担い手

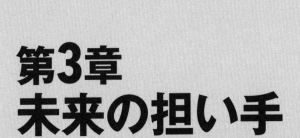

2023年のドラフト1位指名から見えてくること

2023年のドラフトは前年から大学生投手の当たり年と言われていた。とくに東都大学野球リーグの7人に早くからスポットライトが当たり、彼らを追うように東京六大学野球リーグ、首都圏、関西地区、東海地区、東北・北海道地区の大学生にもスカウトの注目が集まっていた。

東都勢では常廣羽也斗（楽天と競合・広島1位）と下村海翔（阪神単独1位）の青山学院大コンビが注目度ナンバーワン。ともにストレートが最速155キロを計測し、常廣はストレート以外でも縦変化のフォークボール、スライダーなど三振を取れる変化球が多彩。

下村は岡田彰布監督が「ウチの村上（175センチ、80キロ）に似たタイプでカットボールがエグい」と語るように、174センチ、73キロと小柄。持ち球のカットボールは岡田監督が言う通り勝負球として使うことが多く、22年8月28日に行なわれた侍ジャパンU－18壮行試合の高校日本代表戦では1死二塁で迎えた1回表、3番丸田湊斗（慶応高）、４番森田大翔（履正社高）に対し、カットボールを勝負球にして連続三振に仕留めている。

２年春のリーグ戦を見た印象で常廣とくらべると、常廣のほうがストレート、変化球とも威力があると思った。ワインドアップでは高めに抜けていた球がセットポジションになると球筋が安定し、左打者の内角にもの凄いストレートを投げ込んでいた。

対する下村を直近で観たのは23年11月18日の明治神宮大会準々決勝、日本文理大戦。ここでは６回３分の２を投げて被安打５、与四球４、奪三振４、失点２という内容で、前年春の常廣ほど迫力を感じなかった。この違いを２人の実力差とするなら、阪神は投打とも人材が揃っている今、どうして冒険をしなかったのかということ。前評判の高かった常廣（広島、楽天が入札）と武内夏暉（国学院大・西武、ソフトバンク、ヤクルトが入札）への競合が予想外に少なかったのを見れば、ここで冒険して、外れ１位で下村を入札してもよかったのでは、と思ってしまう。

00年以降、１位の単独指名は、05年（高校生ドラフト鶴直人）、11年（伊藤隼太）、15年（高山俊）、16年（大山悠輔）と４回あるが、大山以外、結果はよくない。藤原恭大→辰己涼介を外して近本光司に到達した、18年のような逆転ドラフトを見たかった。

独立リーグで野球をするメリット

2位の椎葉剛（四国アイランドリーグ／徳島インディゴソックス・投手）はドラフト後、所属していた徳島インディゴソックスが話題になった。それは11年連続して（育成ドラフト含む）所属選手がドラフトで指名されているからである。さらにプロ入りした選手の健闘が光っている。増田大輝（15年・巨人育成1位）、伊藤翔（17年・西武3位）、岸潤一郎（19年・西武8位）、古市尊《たける》（21年・西武育成1位）、茶野篤政（22年・オリックス育成4位）が戦力になっている。

徳島インディゴソックスを取材した高校野球ドットコムという媒体は「超育成球団の謎」に迫る！」というタイトルで、指名された選手の発言を次のように紹介している。

DeNAに6位で指名された井上絢登《けんと》は「徳島でトップ3に入れば、NPBに行ける」、阪神2位の椎葉は「インディゴソックスはNPBにもっとも近い場所です」と言っている。打者はフルスイングできる体作り、投手は速いストレートを投げる体作りの重要さと方法論が記事に紹介されているが、どの独立リーグのチームも監督、コーチは元プロで占められていて、大学や社会人のチームのように勝利至上主義ではないのがいいのだろう。

　ここで椎葉もみっちりプロの流儀を叩き込まれ、ストレートは1年間で11キロ速くなり現在の最速は159キロ。徳島インディゴソックスでの役割と同様に、阪神でもゲーム後半の勝利の方程式を担うことを期待されている。ちなみに、ロッテが2位で指名した大谷輝龍《ひかる》も独立リーグ（日本海リーグ／富山GRNサンダーバーズ・投手）の所属選手で、社会人チームからの転身組という共通点もある。

2人の高校卒遊撃手への期待

　3位の山田脩也（仙台育英高・内野手）は23年センバツ大会で1番・遊撃手で出場、準々決勝進出に貢献している。2回戦の慶応高戦ではタイブレークの延長10回裏、2死満塁の場面で初球のスライダーをレフト前にサヨナラ安打を放ち注目を集めた。

　このときの展開を詳しく説明すると、1死満塁の場面で9番打者がワンバウンドになるレフト前ヒットを放つが三塁走者がライナー捕球に備えたためスタートが遅れ、さらにそれを見越したようなレフトの好返球で三塁走者が補殺されているので（レフトゴロ）、2死満塁で打席に立つ山田にはプレッシャーのかかる場面だった。振り返ればレフトゴロを打った9番打者への初球も内角へのスライダーだった。山田はその配球をしっかり記憶にとどめ、初球のスライダーを狙い打った。素質がどうのというより、ゲームへの参加意識が高い選手だと感心した。

優勝した前年、22年夏の決勝戦、下関国際高戦では4打数3安打1打点をはじめ、打率・364を記録、盗塁も2つ記録した。23年の甲子園大会後に開催された国際大会、WBSC U－18ベースボールワールドカップではオープニングラウンドのスペイン戦、パナマ戦に途中出場して四球を2つ選んでいるが、スペイン戦の四球はコールド勝ちの突破口になった。

アメリカ戦は2番・三塁手でスタメン出場し、2つの四球と1つのバント、ベネズエラ戦は2番・遊撃手でスタメン出場して2安打、1打点、スーパーラウンドの韓国戦はホームランを打って1打点、決勝のチャイニーズタイペイ戦は3打数1安打を記録している。走攻守3拍子揃った好選手と評価していいだろう。

4位の百崎蒼生（東海大熊本星翔高・内野手）は山田と同じ、遊撃手である。最初に入学した東海大相模高では1年秋にレギュラーを手にしているが2年春に東海大系列の東海大熊本星翔高校に転入、昔なら先輩や監督・コーチの暴力で辞めていく選手がほとんどだったが、近年は日本ハム・伊藤大海（駒澤大→苫小牧駒澤大）の「4年間プレーするビジョンを描けなかった」という転入理由が一番しっくりくる。百崎の場合は門馬敬治監督（現・創志学園高監督）の退任も理由の一つだろう。転校して1年間は公式試合に出場することができないので、全国の高校野球ファンやプロのスカウトにプレーを披露するのは3年春から。

東海大相模高に在籍していた1年秋の関東大会2試合では9打数7安打を記録、安打方向はレフト方向3本、センター方向3本、ライト方向1本でわかるように引っ張り専門のプルヒッターだったが、3年夏の甲子園大会ではセンター方向に二塁打とレフト方向にヒットを打ち分け、第5打席の凡退は二塁ゴロだった。

バッティングのよさを紹介しているが、私がもっとも評価したいのは守りで、とくに好感が持てるのはスローイングが横投げにならないところ。日本人はプロもアマも内野手のスローイングはほとんどサイドスローになるが、百崎のスローイングはオーバースロー。3位で同じ遊撃手の山田脩也（仙台育英高）を指名しているが、私には百崎のほうがショートらしく見える。日本球界を代表するショート、紅林弘太郎（オリックス）の三遊間の深い位置からのオーバースローは圧巻で、打者走者を間一髪でアウトにするシーンは何度も見てきたが、遠投105メートルの地肩の強さを擁する百崎なら紅林の後継候補に名乗りを上げる資格は十分にある。

オリックスが超高校級ショート、横山聖哉（上田西高）を1位指名した23年のドラフトを評価してきたが、阪神も似た状況にある

レギュラー遊撃手の木浪聖也は今季30歳になる中堅で、木浪とレギュラー交代があってもおかしくない24歳の実力者、小幡竜平が控え、ここに高校球界でトップクラスの高評価を得ている山田と百崎を3位、4位で指名しているのである。阪神の上へ上へ、という欲の強さが見えて痛快である。

下位指名「即戦力」投手の特徴

5位の石黒佑弥（JR西日本・投手）がもっともマスコミの注目を集めたのは星城高時代だろう。最速146キロを計測するストレートは愛知県内でも注目の的で、19年夏の甲子園大会出場校を決める愛知県大会では春のセンバツ大会で優勝した東邦高と

２回戦で対戦。１番に熊田任洋（早稲田大）、３番に石川昂弥（中日）が並ぶ強力打線相手に８回を３失点（10対３でコールド勝ち）に抑え完勝。石川を調査しに球場に集まったスカウトに強烈なインパクトを与えた。その後も愛知商高、享栄高を破り準々決勝に進出。同校卒業後、社会人のＪＲ西日本に入社した。

社会人時代は重要な試合は先発の柱としてマウンドに立った。背筋の強さをうかがわせる胸を張ったテークバックから、スリークォーター気味に腕を振り、最速１５２キロのストレートとカーブ、カットボール、スライダーなどの変化球を操る。22年の都市対抗ではＤｅＮＡから１位指名された度会隆輝にホームランを含む２安打を打たれ、23年の都市対抗は１回戦でパナソニックと対戦、先発して７回３分の１を投げ５安打３失点で敗戦投手になっている。

６位の津田淳哉（大阪経済大・投手）は３年までは１学年上の才木海翔（22年オリックス育成２位）の陰に隠れていたが、４年秋にリーグトップの防御率１・29（リーグ１位）を記録して脚光を浴びる。才木は23年11月〜12月に台湾で行なわれたウインターリーグの好投もあり、今季はオリックスのリリーフ陣の一角を担うのではと期待を集める剛腕。頭角を現すのが遅れても、前に立ちはだかったのが才木なら納得がいく。

同リーグの強豪、大阪商業大のエース、上田大河（西武２位）とは４年春の２回戦で先発として対戦、完封した上田に対して津田は5回、2失点で降板。秋のリーグ戦は優勝決定戦となった3回戦で対戦、前日に続く連投で2回無失点の上田に対して、津田は5回、3失点で敗戦投手になる。1回戦は上田との直接対決こそなかったが、先発して8回を投げ、2失点に抑えて勝ち投手になっている。

投手陣に関しては阪神ドラフト下位指名組が頑張っている。金本メソッド発動後の15年以降では15年＝5位・青柳晃洋（帝京大）、16年＝3位・才木浩人（須磨翔風高）、4位・浜地真澄（福岡大大濠高）、18年＝6位・湯浅京己（BCリーグ／富山GRNサンダーバーズ）、19年＝3位・及川雅貴（横浜高）、20年＝5位・村上頌樹（東洋大）、8位・石井大智（四国アイランドリーグ高知）、21年＝3位・桐敷拓馬（新潟医療福祉大）という華々しさだ。

15年以前でも岩崎優（国士舘大→13年6位）、秋山拓巳（西条高→09年4位）、久保田智之（常磐大→02年5巡）が3位以下で指名され、戦力になっている。この傾向は90年代から顕著になり、他球団ならオリックスがそういう指名で選手層を厚くしている。

育成指名2選手のポテンシャル

育成ドラフト1位で指名された松原快はチームメイトになる湯浅京己と同じ富山GRNサンダーバーズの出身で、ロッテ2位の大谷輝龍は昨年まで同じBCリーグのチームメイトとしてプロをめざしていた。3人に共通するのはストレートの速さ。

大谷は昨年の独立リーグ日本一決定戦、グランドチャンピオンシップ準々決勝でストレートが最速159キロを計測する剛腕。湯浅は23年のWBC（ワールドベースボールクラシック）でジャパンの代表選手に選出され終盤のリリーフを託された本格派で、ストレートは最速156キロを計測している。

松原も最速156キロのストレートに横変化のスライダーとシンカーを武器に三振を取る本格派で、NPBの二軍とも試合を経験し、6試合を自責点0に抑えている。

育成2位の福島圭音（白鷗大・外野手）は俊足に注目が集まるチャンスメーカータイプである。春季キャンプ中の24年2月23日に行なわれた巨人とのオープン戦では代走で出場、山瀬慎之助の強肩をかいくぐって二盗を決めている。

受け継がれる「金本メソッド」

ここまで23年ドラフトの1位～6位までの支配下、育成指名選手を見てきたが、「金本メソッド」を受け継いだいい指名だと思う。1位の下村を酷評したように思われたかもしれないが、実力・即戦力度など考え合わせると11年の広島1位、野村祐輔（明治大）のタイプに近いと思う。

同年齢の菅野智之（東海大）が日本ハムと巨人（抽選で日本ハムが交渉権を得るが、これを拒否して翌年巨人の1位）、藤岡貴裕（東洋大）がロッテ、横浜、楽天の3球団の指名が重複しているのに対して、野村は広島の単独指名。ドラフト前の評価も3番目だったが、プロ入り後は16年に16勝3敗で最多勝と最高勝率のタイトルを獲得し、23年までの通算成績は80勝63敗、防御率3・54と一線級で投げていたことがわかる。

表彰されたのは他に新人王（12年）とベストナイン（16年）。177センチ86キロの体格は下村にも自信になると思う。

重ねて言うが、日本で超一流の成績を残した選手の目は、今後ますますメジャーリーグに向けられていく。日本一になった23年のオフシーズン、岡田彰布監督がＦＡ権取得選手にまったく興味を示さなかった態度は頼もしく映った。今後、阪神の黄金時代を築き上げるのはドラフトとファームの育成を経た若手だと、無言で示したように私には見えたからだ。配慮が行き届いた尼崎市のファーム施設は最高のタイミングで２０２５年2月にオープンする。

阪神ドラフト〈成功選手〉年表

[註]◆印はドラフト会議で阪神に指名され、プロ野球界で成功した選手。「成功選手」の基準は投手なら「300試合登板、50勝(1セーブ、1ホールドは0.5勝)、野手なら「1000試合出場、500安打」(記録は通算成績)のいずれかを達成していること。「他球団が指名した主な選手」はその年のドラフトを象徴する選手をピックアップした。

1965年　第1回ドラフト

指名方法|希望選手名簿方式▶会議前に各球団は指名したい30人の選手に順位をつけた名簿をコミッショナーに提出する。1位選手が重複した場合は抽選を行ない、外れた球団は名簿2位の選手を1位として交渉権を得る。

◆**藤田平**(市立和歌山商高→阪神2位·遊撃手)
2010試合出場、打率·286、安打2064、本塁打207、打点802
＊タイトル=最多安打67年、首位打者81年

他球団が指名した主な選手 **長池徳士**(法政大→阪急1位)、**森安敏明**(関西高→東映1位)、**堀内恒夫**(甲府商高→巨人1位)、**鈴木啓示**(育英高→近鉄2位)、**木樽正明**(銚子商高→東京2位)、**水谷実雄**(宮崎商高→広島4位)

1966年　第2回ドラフト

予備抽選制の導入▶あらかじめ抽選で指名順を決める方式。一次ドラフトは社会人と国体に出場しない選手を対象とし、二次ドラフトは大学生と国体に出場する選手を対象に指名する。

◆**一次1位江夏豊**(大阪学院高·投手)
829試合登板、206勝158敗193セーブ、防御率2·49
＊タイトル=最多勝68年、73年、最優秀防御率69年、最多奪三振67年、68年、69年、70年、71年、72年、最多セーブ=77年、79年、80年、81年、82年、83年

他球団が指名した主な選手 一次=**三村敏之**(広島商高→広島2位)、**得津高宏**(クラレ岡山→東京6位)、**桜井輝秀**(洲本実高→南海5位)、**武上四郎**(河合楽器→サンケイ8位)、**浅野啓司**(福山電波工高→サンケイ9位)、二次=**加藤俊夫**(日本軽金属→サンケイ1位)、**山下律夫**(近畿大→大洋1位)、**八木沢壮六**(早稲田大→東京1位)、**平松政次**(日本石油→大洋2位)、**大下剛史**(駒澤大→東映2位)、**阪本敏三**(河合楽器→阪急5位)

ドラフト外で入団した主な選手 **基満男**(駒澤大中退→篠崎倉庫→西鉄)、**福嶋久晃**(大昭和製紙→大洋)

1967年　第3回ドラフト

指名方法▶前年同様、あらかじめ抽選で指名順を決める方式。～77年　※一次、二次は廃止

他球団が指名した主な選手 **村田兆治**(福山電波工高→東京1位)、**高田繁**(明治大→巨人1位)、**井上弘昭**(電電近畿→広島1位)、**永淵洋三**(東芝→近鉄2位)、**中塚政幸**(中央大→大洋2位)、**山内新一**(三菱重工三原→巨人2位)、**高橋直樹**(日本鋼管→東映3位)、**松岡弘**(三菱重工水島→サンケイ5位)

1968年　第4回ドラフト

◆**田淵幸一**(法政大→阪神1位·捕手)
1739試合出場、打率·260、安打1532、本塁打474、打点1135
＊タイトル=本塁打75年

他球団が指名した主な選手 **大橋穣**(亜細亜大→東映1位)、**山本浩二**(法政大→広島1位)、**冨田勝**(法政大→南海1位)、**有藤道世**(近畿大→ロッテ1位)、**星野仙一**(明治大→中日1位)、**大島康徳**(中津工高→中日3位)、**金田留広**(日本通運浦和→東映4位)、**福本豊**(松下電器→阪急7位)、**島谷金二**(四国電力→中日9位)

ドラフト外で入団した主な選手 **新浦寿夫**(静岡商高→巨人)、**福士敬章**(鳥取西高→巨人)

1969年　第5回ドラフト

新人の定義▶日本の中学校、高等学校、大学に在学した選手は新人選手の対象になる。

◆**上田次朗**（東海大→阪神1位）

361試合登板、92勝101敗3セーブ、防御率3·95

他球団が指名した主な選手　**谷沢健一**（早稲田大→中日1位）、**佐藤道郎**（日本大→南海1位）、**太田幸司**（三沢高→近鉄1位）、**八重樫幸雄**（仙台商高→ヤクルト1位）、**間柴富裕**（比叡山高→大洋2位）、**門田博光**（クラレ岡山→南海2位）、**神部年男**（富士鉄広畑→近鉄2位）、**松本幸行**（デュプロ印刷機→中日4位）、**河埜和正**（八幡浜工高→巨人6位）

ドラフト外で入団した主な選手　**加藤博一**（多久工高→西鉄）

1970年　第6回ドラフト

◆**谷村智啓**（鐘淵化学→阪神1位）

393試合、72勝82敗5セーブ、防御率4·12

他球団が指名した主な選手　**佐伯和司**（広陵高→広島1位）、**稲葉光雄**（日本軽金属→中日2位）、**今井雄太郎**（新潟鉄道管理局→阪急2位）、**淡口憲治**（三田学園高→巨人3位）、**三沢淳**（江津工高→中日3位）、**若松勉**（電電北海道→ヤクルト3位）、**金城基泰**（此花商高→広島5位）、**柏原純一**（八代東高→南海8位）、**杉浦享**（愛知高→ヤクルト10位）

ドラフト外で入団した主な選手　**江本孟紀**（熊谷組→東映）

1971年　第7回ドラフト

◆**山本和行**（亜細亜大→阪神1位）

700試登板、116勝106敗130セーブ、防御率3·66

＊タイトル=最優秀救援投手82年、84年

◆**中村勝広**（早稲田大→阪神2位）

939試合出場、打率·246、安打648、本塁打76、打点219

他球団が指名した主な選手　**佐々木恭介**（新日鉄広畑→近鉄1位）、**梨田昌孝**（浜田高→近鉄2位）、**弘田澄男**（四国銀行→ロッテ3位）、**定岡智秋**（鹿児島実高→南海3位）、**若菜嘉晴**（柳川商高→西鉄4位）、**羽田耕一**（三田学園高→近鉄4位）、**安田猛**（大昭和製紙→ヤクルト6位）、**平野光泰**（クラレ岡山→近鉄6位）、**小林繁**（神戸大丸→巨人6位）

ドラフト外で入団した主な選手　**高木好一**（相模原市役所→大洋）、**加藤初**（大昭和製紙→西鉄）

1972年　第8回ドラフト

他球団が指名した主な選手　**長崎慶一**（法政大→大洋1位）、**鈴木孝政**（成東高→中日1位）、**池谷公二郎**（日本楽器→広島1位）、**有田修三**（新日鉄八幡→近鉄2位）、**田代富雄**（藤沢商高→大洋3位）、**井本隆**（鐘淵化学→近鉄3位）、**真弓明信**（電電九州→太平洋3位）、**鈴木康二朗**（日鉱日立→ヤクルト5位）

1973年　第9回ドラフト

◆**佐野仙好**（中央大→阪神1位）

1549試合出場、打率·273、安打1316、本塁打144、打点564

＊タイトル=最多勝利打点81年

◆**掛布雅之**（習志野高→阪神6位）

1625試合出場、打率·292、安打1656、本塁打349、打点1019

＊タイトル=本塁打王79年、82年、84年、打点王82年、最多出塁数81年、82年

他球団が指名した主な選手 山下大輔(慶応大→大洋1位)、藤田学(南宇和高→南海1位)、栗橋茂(駒澤大→近鉄1位)、藤波行雄(中央大→中日1位)、木下富雄(駒澤大→広島1位)、河埜敬幸(八幡浜工高→南海3位)、※江川卓(作新学院高→阪急1位拒否→法政大)

1974年 第10回ドラフト

指名方法▶1球団6人以内に。

工藤一彦(土浦日大高→阪神2位)
308試合登板、66勝63敗4セーブ、防御率4·04

他球団が指名した主な選手 山口高志(松下電器→阪急1位)、定岡正二(鹿児島実高→巨人1位)、村田辰美(三菱自動車川崎→近鉄2位)、角富士夫(福岡第一高→ヤクルト2位)、新井宏昌(法政大→南海2位)、高橋慶彦(城西高→広島3位)

ドラフト外で入団した主な選手 西本聖(松山商高→巨人)

1975年 第11回ドラフト

◆**深沢恵雄**(日本楽器→阪神5位)
217試合登板、51勝53敗2セーブ、防御率4·77

他球団が指名した主な選手 篠塚和典(銚子商高→巨人1位)、田尾安志(同志社大→中日1位)、北別府学(都城農高→広島1位)、簑田浩二(三菱重工三原→阪急2位)、山根和夫(日本鋼管福山→広島2位)、中畑清(駒澤大→巨人3位)

1976年 第12回ドラフト

他球団が指名した主な選手 斉藤明雄(大阪商業大→大洋1位)、佐藤義則(日本大→阪急1位)、山﨑隆造(崇徳高→広島1位)、仁科時成(大倉工業→ロッテ3位)、松本匡史(早稲田大→巨人5位)、山本和範(戸畑商高→近鉄5位)

ドラフト外で入団した主な選手 大野豊(出雲信用組合→広島)、島田誠(あけぼの通商→日本ハム)

1977年 第13回ドラフト

指名禁止期間▶高校卒の社会人選手は3年間、ドラフトで指名できない。 ※従来は2年間

◆**伊藤文隆**(三協精機→阪神1位)
320試合登板、54勝81敗4セーブ、防御率4·43

他球団が指名した主な選手 山倉和博(早稲田大→巨人1位)、袴田英利(法政大→ロッテ1位)、小松辰雄(星稜高→中日2位)、尾花高夫(新日鉄堺→ヤクルト4位)、達川光男(東洋大→広島4位)、屋舗要(三田学園高→大洋6位)

ドラフト外で入団した主な選手 平野謙(名古屋商科大→中日)

1978年 第14回ドラフト

指名方法▶①1球団4人以内に。
②67年から続いた予備抽選制を廃し、1順(全順位)ごとに希望選手を入札し、重複した場合は抽選で決める。

他球団が指名した主な選手 森繁和(住友金属→西武1位)、高代延博(東芝→日本ハム1位)、柴田保光(あけぼの通商→西武2位)、石嶺和彦(豊見城高→阪急2位)、落合博満(東芝府中→ロッテ3位)

ドラフト外で入団した主な選手 松沼博久(東京ガス→西武)、松沼雅之(東洋大→西武)、松永浩美(小倉工高中退→阪急)、鹿取義隆(明治大→巨人)、金石昭人(PL学園→広島)

※江川卓（作新学院職員→阪神1位）
巨人志望の意思を曲げない江川の態度に焦れた金子鋭・当時コミッショナーは「強い要望」と断った上で、江川がいったん交渉権を手にする阪神に入団し、その後阪神と巨人の間で江川を軸にしたトレードを行なうことを提言。翌79年の春季キャンプ直前、巨人が江川を獲得する代償にエース・小林繁を阪神に差し出す形で騒動に終止符を打つ。
※木田勇（日本鋼管→広島拒否）

1979年　第15回ドラフト

◆**岡田彰布**（早稲田大→阪神1位）
1639試合出場、打率·277、安打1520、本塁打247、打点836
◆**北村照文**（三菱名古屋→阪神3位）
1052試合出場、打率·246、安打505、本塁打41、打点158

他球団が指名した主な選手　木田勇（日本鋼管→日本ハム1位）、牛島和彦（浪商高→中日1位）、高沢秀昭（王子製紙苫小牧→ロッテ2位）、山内孝徳（電電九州→南海3位）、岡崎郁（大分商高→巨人3位）

ドラフト外で入団した主な選手　長嶋清幸（静岡自動車工高→広島）

1980年　第16回ドラフト

他球団が指名した主な選手　山内和宏（リッカー→南海1位）、中尾孝義（プリンスホテル→中日1位）、石毛宏典（プリンスホテル→西武1位）、原辰徳（東海大→巨人1位）、愛甲猛（横浜高→ロッテ1位）、川口和久（デュプロ→広島1位）、駒田徳広（桜井商高→巨人2位）、杉本正（大昭和製紙→西武3位）、高木豊（中央大→大洋3位）

ドラフト外で入団した主な選手　秋山幸二（八代高→西武）

1981年　第17回ドラフト

指名方法▶①1球団6人以内に。
◆**平田勝男**（明治大→阪神2位）
979試合出場、打率·258、安打633、本塁打23、打点220

他球団が指名した主な選手　金村義明（報徳学園高→近鉄1位）、伊東勤（熊本工高→所沢高→西武1位）、山沖之彦（専修大→阪急1位）、津田恒美（協和発酵→広島1位）、槙原寛己（大府高→巨人1位）、吉村禎章（PL学園→巨人3位）、西村徳文（鹿児島鉄道管理局→ロッテ5位）、工藤公康（名古屋電気高→西武6位）

ドラフト外で入団した主な選手　上川誠二（大昭和製紙→中日）

1982年　第18回ドラフト

◆**木戸克彦**（法政大→阪神1位）
965試合出場、打率·230、安打505、本塁打51、打点226

他球団が指名した主な選手　斎藤雅樹（市川口高→巨人1位）、川相昌弘（岡山南高→巨人4位）、彦野利勝（愛知高→中日5位）

1983年　第19回ドラフト

◆**中西清起**（リッカー→阪神1位）
477試合登板、63勝74敗75セーブ、防御率4·21
＊タイトル=最優秀救援投手85年
◆**池田親興**（日産自動車→阪神2位）
277試合登板、53勝69敗30セーブ、防御率4·58
◆**仲田幸司**（興南高→阪神3位）

335試合登板、57勝99敗4セーブ、防御率4·06
＊タイトル=最多奪三振92年

他球団が指名した主な選手 **高野光**（東海大→ヤクルト1位）、**加藤伸一**（倉吉北高→南海1位）、**小野和義**（創価高→近鉄1位）、**白井一幸**（駒澤大→日本ハム1位）、**渡辺久信**（前橋工高→西武1位）、**池山隆寛**（市尼崎高→ヤクルト2位）、**吉井理人**（箕島高→近鉄2位）、**小早川毅彦**（法政大→広島2位）、**辻発彦**（日本通運→西武2位）、**山本昌**（日大藤沢高→中日5位）、**星野伸之**（旭川工高→阪急5位）、**佐々木誠**（水島工高→南海6位）

ドラフト外で入団した主な選手 **清川栄治**（大阪商業大→広島）

1984年　第20回ドラフト

◆**和田豊**（日本大→阪神3位）
1713試合出場、打率·291、安打1739、本塁打29、打点403
◆**大野久**（日産自動車→阪神5位）
833試合出場、打率·259、安打584、本塁打23、打点160
＊タイトル=盗塁王91年

他球団が指名した主な選手 **河野博文**（駒澤大→日本ハム1位）、**広澤克己**（明治大→ヤクルト1位）、**中村武志**（花園高→中日1位）、**正田耕三**（新日鉄広畑→広島2位）、**田辺路朗**（吉田高→西武2位）、**宮本和知**（川崎製鉄水島→巨人3位）、**横田真之**（駒澤大→ロッテ4位）、**鈴木貴久**（電電北海道→近鉄5位）、**福良淳一**（大分鉄道管理局→阪急6位）

ドラフト外で入団した主な選手 **松浦宏明**（船橋法典高→日本ハム）

1985年　第21回ドラフト

◆**遠山奬志**（八代第一高→阪神1位）
393試合登板、16勝22敗5セーブ、防御率4·38

他球団が指名した主な選手 **伊東昭光**（本田技研→ヤクルト1位）、**広瀬哲郎**（本田技研→日本ハム1位）、**中山裕章**（高知商高→大洋1位）、**桑田真澄**（PL学園→巨人1位）、**清原和博**（PL学園→西武1位）、**長冨浩志**（NTT関東→広島1位）、**荒井幸雄**（日本石油→ヤクルト2位）、**田中幸雄**（都城高→日本ハム3位）、**本西厚博**（三菱重工長崎→阪急4位）

1986年　第22回ドラフト

◆**八木裕**（三菱自動車水島→阪神3位）
1368試合出場、打率·247、安打817、本塁打126、打点479

他球団が指名した主な選手 **西崎幸広**（愛知工業大→日本ハム1位）、**木田優夫**（日大明誠高→巨人1位）、**阿波野秀幸**（亜細亜大→近鉄1位）、**土橋勝征**（印旛高→ヤクルト2位）、**山﨑武司**（愛工大名電高→中日2位）、**中嶋聡**（鷹巣農林高→阪急3位）、**緒方孝市**（鳥栖高→広島3位）、**飯田哲也**（拓大紅陵高→ヤクルト4位）、**藤井康雄**（プリンスホテル→阪急4位）

1987年　第23回ドラフト

◆**野田浩司**（九州産交→阪神1位）
316試合登板、89勝87敗9セーブ、防御率3·50
＊タイトル=最多勝93年

他球団が指名した主な選手 **盛田幸妃**（函館有斗高→大洋1位）、**伊良部秀輝**（尽誠学園高→ロッテ1位）、**武田一浩**（明治大→日本ハム1位）、**立浪和義**（PL学園→中日1位）、**鈴木健**（浦和学院高→西武1位）、**野村弘**（PL学園高→大洋3位）、**堀幸一**（長崎海星高→ロッテ3位）、**吉永幸一郎**（東海大工高→南海5位）、**村田勝喜**（星稜高

→南海6位）

ドラフト外で入団した主な選手　進藤達哉（高岡商高→大洋）

1988年　第24回ドラフト

他球団が指名した主な選手　川崎憲次郎（津久見高→ヤクルト1位）、谷繁元信（江の川高→大洋1位）、野村謙二郎（駒澤大→広島1位）、今中慎二（大阪桐蔭高→中日1位）、小川博文（プリンスホテル→オリックス2位）、大豊泰昭（中日球団職員→中日2位）、初芝清（東芝府中→ロッテ4位）、赤堀元之（静岡高→近鉄4位）、江藤智（関東高→広島5位）、

ドラフト外で入団した主な選手　石毛博史（市銚子高→巨人）、石井琢朗（足利工高→大洋）

1989年　第25回ドラフト

◆**葛西稔**（法政大→阪神1位）
331試合登板、36勝40敗29セーブ、防御率3·59

◆**新庄剛志**（西日本短大付高→阪神5位）
NPB=1411試合出場、打率·254、安打1309、本塁打205、打点716
MLB=303試合出場、打率·245、安打215、本塁打20、打点100

他球団が指名した主な選手　小宮山悟（早稲田大→ロッテ1位）、佐々木主浩（東北福祉大→大洋1位）、西村龍次（ヤマハ→ヤクルト1位）、潮崎哲也（松下電器→西武1位）、佐々岡真司（NTT中国→広島1位）、野茂英雄（新日鉄堺→近鉄1位）、岩本勉（阪南大高→日本ハム2位）、古田敦也（トヨタ自動車→ヤクルト2位）、石井浩郎（プリンスホテル→近鉄3位）、吉岡雄二（帝京高→巨人3位）、前田智徳（熊本工高→広島4位）、種田仁（上宮高→中日6位）

1990年　第26回ドラフト

◆**湯舟敏郎**（本田技研鈴鹿→阪神1位）
257試合登板、60勝79敗3セーブ、防御率3·99

◆**関川浩一**（駒澤大→阪神2位）
1408試合出場、打率·286、安打1129、本塁打24、打点324

他球団が指名した主な選手　岡林洋一（専修大→ヤクルト1位）、長谷川滋利（立命館大→オリックス1位）、元木大介（上宮高出→巨人1位）、矢野燿大（東北福祉大→中日2位）、水口栄二（早稲田大→近鉄2位）、高津臣吾（亜細亜大→ヤクルト3位）、下柳剛（新日鉄君津→ダイエー4位）、鈴木尚典（横浜高→大洋4位）、村松有人（星稜高→ダイエー6位）

ドラフト外で入団した主な選手　木村拓也（宮崎南高→日本ハム）

1991年　第27回ドラフト

指名方法▶①1球団10人以内に。
選択方法▶1～4位までは希望選手を入札し、重複した場合は抽選で決める。5位以降は抽選なしのウエーバー方式を採用。また、90年限りでドラフト外入団が練習生制度とともに廃止される

◆**久慈照嘉**（日本石油→阪神2位）
1199試合出場、打率·257、安打811、本塁打6、打点153

◆**桧山進次郎**（東洋大→阪神4位）
1959試合出場、打率·260、本塁打159、打点707

他球団が指名した主な選手　斎藤隆（東北福祉大→大洋1位）、若田部健一（駒澤大→ダイエー1位）、石井一久（東京学館浦安高→ヤクルト1位）、田口壮（関西学院大→オリックス1位）、河本育之（新日鉄光→ロッテ2位）、

片岡篤史（同志社大→日本ハム2位）、**鈴木一朗/イチロー**（愛工大名電高→オリックス4位）、**中村紀洋**（渋谷高→近鉄4位）、**金本知憲**（東北福祉大→広島4位）、**三浦大輔**（高田商高→大洋6位）

1992年　第28回ドラフト

他球団が指名した主な選手　**小林宏**（広島経済大→オリックス1位）、**松井秀喜**（星稜高→巨人1位）、**小池秀郎**（松下電器→近鉄1位）、**杉山賢人**（東芝→西武1位）、**成本年秀**（大阪ガス→ロッテ2位）、**佐伯貴弘**（大阪商業大→横浜2位）、**野口茂樹**（丹原高→中日3位）、**真中満**（日本大→ヤクルト3位）、**豊田清**（同朋大→西武3位）

1993年　第29回ドラフト

逆指名制度導入▶高校生以外の大学生、社会人が1球団2人以内に限り、志望する球団を選択できる逆指名方法が導入される。

◆**藪恵壹**（朝日生命→阪神1位·逆指名）
NPB=279試合登板、84勝106敗2ホールド、防御率3·58
MLB=100試合登板、7勝6敗1セーブ10ホールド、防御率4·00

他球団が指名した主な選手　**平井正史**（宇和島東高→オリックス1位）、**石井貴**（三菱重工横浜→西武1位·逆指名）、**小久保裕紀**（青山学院大→ダイエー2位·逆指名）、**波留敏夫**（熊谷組→横浜2位·逆指名）、**大家友和**（京都成章高→横浜3位）、**大村直之**（育英高→近鉄3位）、**岡島秀樹**（東山高→巨人3位）、**金子誠**（常総学院高→日本ハム3位）、**松井稼頭央**（PL学園→西武3位）、**諸積兼司**（日立製作所→ロッテ5位）、**小野晋吾**（御殿場西高→ロッテ6位）、**福浦和也**（習志野高→ロッテ7位）

1994年　第30回ドラフト

◆**北川博敏**（日本大→阪神2位·逆指名）
1264試合出場、打率·276、安打1076、本塁打102、打点536

◆**川尻哲郎**（日産自動車→阪神4位）
227試合登板、60勝72敗3セーブ、防御率3·65

他球団が指名した主な選手　**金村曉**（仙台育英高→日本ハム1位）、**大村三郎/サブロー**（PL学園→ロッテ1位）、**城島健司**（別府大付高→ダイエー1位）、**山内泰幸**（日本体育大→広島1位·逆指名）、**河原純一**（駒澤大→巨人1位·逆指名）、**黒木知宏**（新王子製紙春日井→ロッテ2位·逆指名）、**宮本慎也**（プリンスホテル→ヤクルト2位·逆指名）、**嶋重宣**（東北高→広島2位）、**西口文也**（立正大→西武3位）、**稲葉篤紀**（法政大→ヤクルト3位）、**高橋建**（トヨタ自動車→広島4位）、**多村仁**（横浜高→横浜4位）

1995年　第31回ドラフト

他球団が指名した主な選手　**斉藤和巳**（南京都高→ダイエー1位）、**荒木雅博**（熊本工高→中日1位）、**高木大成**（慶応大→西武1位·逆指名）、**門倉健**（東北福祉大→中日2位·逆指名）、**仁志敏久**（日本生命→巨人2位·逆指名）、**薮田安彦**（新日鉄広畑→ロッテ2位·逆指名）、**清水隆行**（東洋大→巨人3位）、**石井弘寿**（東京学館高→ヤクルト4位）

1996年　第32回ドラフト

◆**今岡誠**（東洋大→阪神1位·逆指名）
1309試合出場、打率·279、安打1284、本塁打122、打点594
＊タイトル=首位打者03年、打点王05年

◆**関本賢太郎**（天理高→阪神2位）
1272試合出場、打率·278、安打807、本塁打48、打点312

◆**濱中治**（南部高→阪神3位）
744試合出場、打率·268、安打580、本塁打85、打点311

他球団が指名した主な選手 **井口資仁**（青山学院大→ダイエー1位·逆指名）、**川村丈夫**（日本石油→横浜1位·逆指名）、**松中信彦**（新日鉄君津→ダイエー2位·逆指名）、**岩村明憲**（宇和島東→ヤクルト2位）、**大塚晶文**（日本通運→近鉄2位·逆指名）、**黒田博樹**（専修大→広島2位·逆指名）、**森野将彦**（東海大相模高→中日2位）、**谷佳知**（三菱自動車岡崎→オリックス2位·逆指名）、**小笠原道大**（NTT関東→日本ハム3位）、**小林宏之**（春日部共栄高→ロッテ4位）、**和田一浩**（神戸製鋼→西武4位）、**小坂誠**（JR東日本東北→ロッテ5位）

1997年　第33回ドラフト

◆**井川慶**（水戸商高→阪神2位）
NPB=219試合登板、93勝72敗1セーブ、防御率3·21
MLB=16試合登板、2勝4敗、防御率6·66
＊タイトル=最多勝03年、最優秀防御率03年、最多奪三振02年、04年、06年、最高勝率03年

◆**坪井智哉**（東芝→阪神4位）
1036試合出場、打率·292、安打976、本塁打32、打点265

他球団が指名した主な選手 **川上憲伸**（明治大→中日1位·逆指名）、**高橋由伸**（慶応大→巨人1位·逆指名）、**篠原貴行**（三菱重工長崎→ダイエー2位·逆指名）、**五十嵐亮太**（敬愛学園高→ヤクルト2位）、**藤田宗一**（西濃運輸→ロッテ3位）、**井端弘和**（亜細亜大→中日5位）

1998年　第34回ドラフト

◆**藤川球児**（高知商高→阪神1位）
NPB=782試合登板、60勝38敗243セーブ163ホールド、防御率2·08
MLB=29試合登板、1勝1敗2セーブ1ホールド、防御率5·74
＊タイトル=最多セーブ投手07年、11年、最優秀中継ぎ投手05年、06年

◆**金澤健人**（NTT関東→阪神2位·逆指名）
332試合登板、15勝11敗4セーブ32ホールド、防御率3·73

◆**福原忍**（東洋大→阪神3位）
595試合登板、83勝104敗29セーブ118ホールド、防御率3·49
＊タイトル=最優秀中継ぎ投手14年、15年

他球団が指名した主な選手 **小林雅英**（東京ガス→ロッテ1位·逆指名）、**東出輝裕**（敦賀気比高→広島1位）、**上原浩治**（大阪体育大→巨人1位·逆指名）、**福留孝介**（日本生命→中日1位·逆指名）、**松坂大輔**（横浜高→西武1位）、**里崎智也**（帝京大→ロッテ2位·逆指名）、**川越英隆**（日産自動車→オリックス2位·逆指名）、**二岡智宏**（近畿大→巨人2位·逆指名）、**岩瀬仁紀**（NTT東海→中日2位·逆指名）、**森本稀哲**（帝京高→日本ハム4位）、**金城龍彦**（住友金属→横浜5位）、**新井貴浩**（駒澤大→広島6位）

1999年　第35回ドラフト

◆**吉野誠**（日本大→阪神2位·逆指名）
340試合登板、4勝11敗1セーブ26ホールド、防御率3·91

他球団が指名した主な選手 **高橋尚成**（東芝→巨人1位·逆指名）、**朝倉健太**（東邦高→中日1位）、**田中賢介**（東福岡高→日本ハム2位）、**藤井秀悟**（早稲田大→ヤクルト2位·逆指名）、**清水直行**（東芝→ロッテ2位·逆指名）、**木塚敦志**（明治大→横浜2位·逆指名）、**栗原健太**（日大山形高→広島3位）、**川﨑宗則**（鹿児島工高→ダイエー4位）、**岩隈久志**（堀越高→近鉄5位）

2000年　第36回ドラフト

◆**赤星憲広**（JR東日本→阪神4位）
1127試合出場、打率·295、安打1276、本塁打3、打点215、盗塁381

＊タイトル=盗塁王01～05年

◆**藤本敦士**（デュプロ→阪神7位）

1001試合出場、打率·251、安打619、本塁打14、打点208

他球団が指名した主な選手 内川聖一（大分工高→横浜1位）、**阿部慎之助**（中央大→巨人1位·逆指名）、**帆足和幸**（九州三菱自動車→西武3位）、**渡辺俊介**（新日鉄君津→ロッテ4位）、**畠山和洋**（専大北上高→ヤクルト5位）、**中島宏之**（伊丹北高→西武5位）

2001年 第37回ドラフト

自由枠▶各球団は大学生と社会人に限り2人以内を「自由枠」としてドラフト会議前に契約を締結できる。この2名と契約した球団はドラフト会議では1巡目から3巡目までの指名ができず、自由獲得枠で1名と契約した球団は3巡目の指名ができず、自由獲得枠を使わなかった球団は2巡目の指名ができない仕組み。このやり方が続いた07年まで球団によっては2番目に指名された選手でも「3巡指名」と表記されることがあった。また、01～07年の選手の指名順位は「○位」ではなく「○巡」で表していく。

指名人数▶12球団合計で120人以内であれば人数制限なし（現在まで育成選手を含む総人数）。

◆**安藤優也**（トヨタ自動車→阪神自由枠）

486試合登板、77勝66敗11セーブ76ホールド、防御率3·56

＊タイトル=最高勝率05年

他球団が指名した主な選手 大竹寛（浦和学院高→広島1巡）、**細川亨**（青森大→西武自由枠）、**寺原隼人**（日南学園高→ダイエー1巡）、**石川雅規**（青山学院大→ヤクルト自由枠）、**平野恵一**（東海大→オリックス自由枠）、**中村剛也**（大阪桐蔭高→西武2巡）、**今江敏晃**（PL学園→ロッテ3巡）、**杉内俊哉**（三菱重工長崎→ダイエー3巡）、**栗山巧**（育英高→西武4巡）、**山井大介**（河合楽器→中日6巡）、**後藤光尊**（川崎製鉄千葉→オリックス10巡）

2002年 第38回ドラフト

◆**江草仁貴**（専修大→阪神自由枠）

349試合登板、22勝17敗48ホールド、防御率3·15

◆**久保田智之**（常磐大→阪神5巡）

444試合登板、41勝34敗47セーブ117ホールド、防御率3·16

＊タイトル=最優秀中継ぎ投手07～08年

他球団が指名した主な選手 加藤大輔（神奈川大→オリックス自由枠）、**村田修一**（日本大→横浜自由枠）、**永川勝浩**（亜細亜大→広島自由枠）、**西岡剛**（大阪桐蔭高→ロッテ1巡）、**和田毅**（早稲田大→ダイエー自由枠）、**坂口智隆**（神戸国際大付高→近鉄1巡）、**高井雄平**（東北高→ヤクルト1巡）、**木佐貫洋**（亜細亜大→巨人自由枠）、**久保裕也**（東海大→巨人自由枠）

2003年 第39回ドラフト

◆**鳥谷敬**（早稲田大→阪神自由枠）

2243試合出場、打率·278、安打2099、本塁打138、打点830

＊タイトル=最高出塁率11年

他球団が指名した主な選手 糸井嘉男（近畿大→日本ハム自由枠）、**内竜也**（川崎工高→ロッテ1巡）、**内海哲也**（東京ガス→巨人自由枠）、**馬原孝浩**（九州共立大→ダイエー自由枠）、**西村健太朗**（広陵高→巨人2巡）、**青木宣親**（早稲田大→ヤクルト4巡）、**明石健志**（山梨学院大付高→ダイエー4巡）、**成瀬善久**（横浜高→ロッテ6巡）

2004年 第40回ドラフト

◆**能見篤史**（大阪ガス→阪神自由枠）

474試合登板、104勝93敗4セーブ57ホールド、防御率3·35

＊タイトル=最多奪三振12年

他球団が指名した主な選手 金子千尋（トヨタ自動車→オリックス自由枠）、ダルビッシュ有（東北高→日本ハム1巡）、田中浩康（早稲田大→ヤクルト自由枠）、涌井秀章（横浜高→西武1巡）、久保康友（松下電器→ロッテ自由枠）、中田賢一（北九州市立大→中日2巡）、片岡治大（東京ガス→西武3巡）、藤田一也（近畿大→横浜4巡）、石川雄洋（横浜高→横浜6巡）

2005年　第41回ドラフト

分離ドラフト=高校生と大学生&社会人を分離して指名する。具体的な指名方法は以下に示す通り。～07年（07年は希望枠が廃止され、15年ぶりに大学生&社会人の「入札抽選」が復活）

大学生&社会人ドラフトの選択方法▶

1巡目の指名は、「希望入団枠の使用を申請したにもかかわらず内定選手が決まらなかった球団」がウェイバー順で指名を行なう。

2巡目の指名は、「高校生選択会議で入札抽選（1巡目）を回避した球団」がウェイバー順で指名を行なう。

3巡目の指名はウェイバー順で行ない、4巡目の指名はその逆順、以後交互に繰り返し折り返しで指名する。

高校生ドラフトの選択方法▶

1巡目の指名は、「入札抽選に不参加の球団を除いた全球団」が、選択を希望する一人の選手名を用紙に記入し同時に提出する。

　指名が重複した場合は抽選で決定する。抽選に外れた球団はウェイバー順で別の選手の指名を行なう。

2巡目の指名は、「大学生·社会人ほか選択会議における希望入団枠を使用しない球団」がウェイバー順で指名を行なう。

3巡目の指名はウェイバー順で行ない、4巡目の指名はその逆順、以後交互に繰り返し折り返しで指名する。

育成ドラフト元年▶

◆**前田大和/大和**（樟南高→阪神高校生ドラフト4巡）

　1482試合出場、打率·251、安打937、本塁打12、打点279

◆**岩田稔**（関西大→阪神希望枠）

　200試合登板、60勝82敗、防御率3·38

◆**渡辺亮**（日本生命→阪神大学生&社会人ドラフト4巡）

　362試合登板、15勝6敗60ホールド、防御率2·64

他球団が指名した主な選手 陽岱鋼（福岡第一高→日本ハム高校生ドラフト1巡）、岡田貴弘/T-岡田（履正社高→オリックス高校生ドラフト1巡）、山口俊（柳ヶ浦高→横浜高校生ドラフト1巡）、平田良介（大阪桐蔭高→中日高校生ドラフト1巡）、川端慎吾（市和歌山商高→ヤクルト高校生ドラフト3巡）、平野佳寿（京都産業大→オリックス希望枠）、松田宣浩（亜細亜大→ソフトバンク希望枠）、山口鉄也（米独立リーグ→巨人育成1巡）

2006年　第42回ドラフト

他球団が指名した主な選手 田中将大（駒大苫小牧高→楽天高校生ドラフト1巡）、前田健太（PL学園高→広島高校生ドラフト1巡）、坂本勇人（光星学院高→巨人高校生ドラフト1巡）、梶谷隆幸（開星高→横浜高校生ドラフト3巡）、角中勝也（四国アイランドリーグ高知→ロッテ大学生&社会人ドラフト7巡）、松本哲也（専修大→巨人育成3巡）

2007年　第43回ドラフト

他球団が指名した主な選手 中田翔（大阪桐蔭高→日本ハム高校生ドラフト1巡）、丸佳浩（千葉経大付高→

広島高校生ドラフト3巡)、**中村晃**(帝京高→ソフトバンク高校生ドラフト3巡)、**宮西尚生**(関西学院大→日本ハム大学生&社会人ドラフト3巡)

2008年　第44回ドラフト

指名方法▶1巡目の指名は、「入札抽選」により行なう。全球団が、選択を希望する選手名を記入した用紙を同時に提出する。単独指名の場合は選択が確定、指名が重複した場合は抽選で決定する。抽選に外れた球団は、再度、選択を希望する選手名を記入した用紙を提出し、同様の方式で全球団の選択が確定するまで繰り返し行なう。2巡目以降の指名は「球団順位の逆順」で行なう。

◆**上本博紀**(早稲田大→阪神3位)
698試合出場、打率・265、安打522、本塁打30、打点161

他球団が指名した主な選手　**大田泰示**(東海大相模高→巨人1位)、**中村悠平**(福井商高→ヤクルト3位)、**西勇輝**(菰野高→オリックス3位)、**浅村栄斗**(大阪桐蔭高→西武3位)、**攝津正**(JR東日本東北→ソフトバンク5位)、**中島卓也**(福岡工高→日本ハム5位)、**西野勇士**(新湊高→ロッテ育成5巡)、**岡田幸文**(全足利クラブ→ロッテ育成6巡)

2009年　第45回ドラフト

他球団が指名した主な選手　**筒香嘉智**(横浜高→横浜1位)、**荻野貴司**(トヨタ自動車→ロッテ1位)、**菊池雄星**(花巻東高→西武1位)、**今宮健太**(明豊高→ソフトバンク1位)、**長野久義**(Honda→巨人1位)、**大島洋平**(日本生命→中日5位)、**増井浩俊**(東芝→日本ハム5位)

2010年　第46回ドラフト

他球団が指名した主な選手　**山田哲人**(履正社高→ヤクルト1位)、**澤村拓一**(中央大→巨人1位)、**大野雄大**(佛教大→中日1位)、**美馬学**(東京ガス→楽天2位)、**西川遥輝**(智弁和歌山高→日本ハム2位)、**柳田悠岐**(広島経済大→ソフトバンク2位)、**秋山翔吾**(八戸大→西武3位)、**中﨑翔太**(日南学園高→広島6位)、**千賀滉大**(蒲郡高→ソフトバンク育成4位)、**牧原大成**(城北高→ソフトバンク育成5位)、**甲斐拓也**(楊志館高→ソフトバンク育成6位)

2011年　第47回ドラフト

他球団が指名した主な選手　**野村祐輔**(明治大→広島1位)、**武田翔太**(宮崎日大高→ソフトバンク1位)、**菊池涼介**(中京学院大→広島2位)、**松本剛**(帝京高→日本ハム2位)、**鈴木大地**(東洋大→ロッテ3位)、**田島慎二**(東海学園大→中日3位)、**益田直也**(関西国際大→ロッテ4位)、**桑原将志**(福知山成美高→横浜4位)、**島内宏明**(明治大→楽天6位)

2012年　第48回ドラフト

◆**藤浪晋太郎**(大阪桐蔭高→阪神1位)
NPB=189試合登板、57勝54敗11ホールド、防御率3・41
MLB=64試合登板、7勝8敗2セーブ5ホールド、防御率7・18
＊タイトル=最多奪三振15年

他球団が指名した主な選手　**東浜巨**(亜細亜大→ソフトバンク1位)、**増田達至**(NTT西日本→西武1位)、**菅野智之**(東海大→巨人1位)、**大谷翔平**(花巻東高→日本ハム1位)、**鈴木誠也**(二松学舎大付高→広島2位)、**則本昂大**(三重中京大→楽天2位)、**小川泰弘**(創価大→ヤクルト2位)、**宮﨑敏郎**(セガサミー→DeNA6位)

2013年　第49回ドラフト

◆**岩貞祐太**(横浜商科大→阪神1位)
272試合登板、40勝42敗55ホールド、防御率3・61

◆**梅野隆太郎**（福岡大→阪神4位）

958試合出場、打率·231、安打645、本塁打45、打点288

◆**岩崎優**（国士舘大→阪神6位）

443試合登板、31勝38敗66セーブ132ホールド、防御率2·85

＊タイトル=最多セーブ投手23年

他球団が指名した主な選手 **石川歩**（東京ガス→ロッテ1位）、**大瀬良大地**（九州共立大→広島1位）、**森友哉**（大阪桐蔭高→西武1位）、**松井裕樹**（桐光学園高→楽天1位）、**森唯斗**（三菱自動車倉敷オーシャンズ→ソフトバンク2位）、**田口麗斗**（広島新庄高→巨人3位）、**石川柊太**（創価大→ソフトバンク育成1位）

2014年　第50回ドラフト

他球団が指名した主な選手 **山﨑康晃**（亜細亜大→DeNA1位）、**髙橋光成**（前橋育英高→西武1位）、**中村奨吾**（早稲田大→ロッテ1位）、**有原航平**（早稲田大→日本ハム1位）、**山﨑福也**（明治大→オリックス1位）、**岡本和真**（智弁学園高→巨人1位）、**宗佑磨**（横浜隼人高→オリックス2位）、**栗原陵矢**（春江工高→ソフトバンク2位）、**外崎修汰**（富士大→西武3位）

2015年　第51回ドラフト

指名の優先権▶15年に行なわれた日本生命セ·パ交流戦で勝ち越したパ·リーグがこの年のドラフトの優先権を獲得。

◆**青柳晃洋**（帝京大→阪神5位）

142試合登板、59勝44敗、3·03

＊タイトル=最多勝利21～22年、最優秀防御率22年、最高勝率21～22年

他球団が指名した主な選手 **今永昇太**（駒澤大→DeNA1位）、**吉田正尚**（青山学院大→オリックス1位）、**小笠原慎之介**（東海大相模高→中日1位）、**加藤貴之**（新日鉄住金かずさマジック→日本ハム2位）、**西川龍馬**（王子→広島5位）

2016年　第52回ドラフト

◆**大山悠輔**（白鷗大→阪神1位）

847試合、打率·270、安打789、本塁打123、打点483

＊タイトル=最高出塁率23年

他球団が指名した主な選手 **山岡泰輔**（東京ガス→オリックス1位）、**柳裕也**（明治大→中日1位）、**今井達也**（作新学院高→西武1位）、**吉川尚輝**（中京学院大→巨人1位）、**源田壮亮**（トヨタ自動車→西武3位）、**床田寛樹**（中部学院大→広島3位）、**山本由伸**（都城高→オリックス4位）、**坂倉将吾**（日大三高→広島4位）、**細川成也**（明秀日立高→DeNA5位）、**種市篤暉**（八戸工大一高→ロッテ6位）、**山﨑颯一郎**（敦賀気比高→オリックス6位）

2017年　第53回ドラフト

他球団が指名した主な選手 **村上宗隆**（九州学院高→ヤクルト1位）、**清宮幸太郎**（早稲田実高→日本ハム1位）、**安田尚憲**（履正社高→ロッテ1位）、**大城卓三**（NTT西日本→巨人3位）、**塩見泰隆**（JX-ENEOS→ヤクルト4位）、**平良海馬**（八重山商工高→西武4位）、**周東佑京**（東農大北海道オホーツク→ソフトバンク育成2位）、**大竹耕太郎**（早稲田大→ソフトバンク育成4位）

2018年　第54回ドラフト

◆**近本光司**（大阪ガス→阪神1位）

663試合出場、打率·291、安打773、本塁打39、打点225、盗塁149

◆**木浪聖也**（Honda→阪神3位）※**成功見込み**

465試合出場、打率·253、安打324、本塁打10、打点119

他球団が指名した主な選手 **小園海斗**(報徳学園高→広島1位)、**頓宮裕真**(亜細亜大→オリックス2位)、**野村佑希**(花咲徳栄高→日本ハム2位)、**梅津晃大**(東洋大→中日2位)、**万波中正**(横浜高→日本ハム4位)、**山口航輝**(明桜高→ロッテ4位)、**板東湧梧**(JR東日本→ソフトバンク4位)、**戸郷翔征**(聖心ウルスラ高→巨人6位)

2019年　第55回ドラフト

他球団が指名した主な選手 **宮城大弥**(興南高→オリックス1位)、**森下暢仁**(明治大→広島1位)、**佐々木朗希**(大船渡高→ロッテ1位)、**紅林弘太郎**(駿河総合高→オリックス2位)、**長岡秀樹**(八千代松陰高→ヤクルト5位)、**岡林勇希**(菰野高→中日5位)

2020年　第56回ドラフト

◆佐藤輝明(近畿大→阪神1位)※**成功見込み**

401試合出場、打率·256、安打372、本塁打68、打点240

◆伊藤将司(JR東日本→阪神2位)※**成功見込み**

64試合登板、29勝17敗1ホールド、防御率2·49

◆村上頌樹(東洋大→阪神5位)※**成功見込み**

24試合登板、10勝7敗1ホールド、防御率2·29

＊タイトル=最優秀防御率23年

◆中野拓夢(三菱自動車岡崎→阪神6位)※**成功見込み**

413試合出場、打率·278、安打448、本塁打9、打点101、盗塁73

＊タイトル=盗塁王21年、最多安打23年

他球団が指名した主な選手 **髙橋宏斗**(中京大中京高→中日1位)、**栗林良吏**(トヨタ自動車→広島1位)、**伊藤大海**(苫小牧駒澤大→日本ハム1位)、**山下舜平大**(福岡大大濠高→オリックス1位)、**山﨑伊織**(東海大→巨人2位)、**秋広優人**(二松学舎大付高→巨人5位)、**根本悠楓**(苫小牧中央高→日本ハム5位)

2021年　第57回ドラフト

他球団が指名した主な選手 **翁田大勢/大勢**(関西国際大→巨人1位)、**黒原拓未**(関西学院大→広島1位)、**松川虎生**(市和歌山高→ロッテ1位)、**隅田知一郎**(西日本工業大→西武1位)、**達孝太**(天理高→日本ハム1位)、**鵜飼航丞**(駒澤大→中日2位)、**赤星優志**(日本大→巨人3位)

2022年　第58回ドラフト

◆森下翔太(中央大→阪神1位)※**成功見込み**

94試合出場、打率·237、安打79、本塁打10、打点41

他球団が指名した主な選手 **松尾汐恩**(大阪桐蔭高→DeNA1位)、**荘司康誠**(立教大→楽天1位)、**萩尾匡也**(慶応大→巨人2位)、**渡辺翔太**(九州産業大→楽天3位)、**門脇誠**(創価大→巨人4位)、**松山晋也**(八戸学院大→中日育成1位)

成績は2023年シーズン終了時点のものです。

著者略歴――――
小関順二　こせき・じゅんじ
スポーツライター。1952年神奈川県生まれ。日本大学芸術学部文芸学科卒業。プロ野球のドラフト(新人補強)戦略の重要性に初めて着目し、野球メディアに「ドラフト」というカテゴリーを確立した。2000年より年度版として刊行している『プロ野球 問題だらけの12球団』シリーズのほか、『プロ野球 問題だらけの選手選び―あの有名選手の入団前・入団後』『甲子園怪物列伝』『「野球」の誕生 球場・球跡でたどる日本野球の歴史』(いずれも草思社)、『ドラフト未来予想図』(文藝春秋)、『野球力 ストップウォッチで判る「伸びる人材」』(講談社+α新書)、『間違いだらけのセ・リーグ野球』(廣済堂新書)、『大谷翔平 奇跡の二刀流がくれたもの』『大谷翔平 日本の野球を変えた二刀流』(いずれも廣済堂出版)など著書多数。CSテレビ局スカイ・A sports +が中継するドラフト会議の解説を1999～2021年まで務める。同会議の中継は20年度の衛星放送協会オリジナル番組アワード「番組部門中継」の最優秀賞を受賞。15年4～7月に、旧新橋停車場 鉄道歴史展示室で行なわれ好評を博した「野球と鉄道」展の監修を務める。

写真提供　産経新聞社

挫折と覚醒の阪神ドラフト20年史

2024年5月7日　第1刷発行

著　者　小関順二
装幀者　Malpu Design(清水良洋＋佐野佳子)
発行者　碇　高明
発行所　株式会社 草思社
〒160-0022　東京都新宿区新宿1-10-1
電話　営業 03(4580)7676　編集 03(4580)7680

本文組版　有限会社 一企画
本文印刷　株式会社 三陽社
付物印刷　株式会社 平河工業社
製本所　加藤製本 株式会社

ISBN978-4-7942-2691-4 Printed in Japan　検印省略

造本には十分注意しておりますが、万一、乱丁、落丁、印刷不良などがございましたら、ご面倒ですが、小社営業部宛にお送りください。送料小社負担にてお取替えさせていただきます。